LE FRANÇAIS 1453

1453 速成法语

孙凯 编著 〔法〕Maxime Ferbus 法文修订

北京大学出版社
PEKING UNIVERSITY PRESS

图书在版编目（CIP）数据

1453速成法语 / 孙凯编著. —北京：北京大学出版社，2023.4
ISBN 978-7-301-33646-5

Ⅰ.①1… Ⅱ.①孙… Ⅲ.①法语–自学参考资料 Ⅳ.①H32

中国版本图书馆 CIP 数据核字 (2022) 第 251077 号

书　　　名	1453速成法语 1453 SUCHENG FAYU
著作责任者	孙　凯　编著
责 任 编 辑	初艳红
标 准 书 号	ISBN 978-7-301-33646-5
出 版 发 行	北京大学出版社
地　　　址	北京市海淀区成府路 205 号　100871
网　　　址	http://www.pup.cn　新浪微博：@北京大学出版社
电 子 邮 箱	编辑部 pupwaiwen@pup.cn　总编室 zpup@pup.cn
电　　　话	邮购部 010-62752015　发行部 010-62750672 编辑部 010-62759634
印 　刷 　者	北京溢漾印刷有限公司
经 　销 　者	新华书店 730 毫米 ×980 毫米　16 开本　11.75 印张　200 千字 2023 年 4 月第 1 版　2024 年 2 月第 2 次印刷
定　　　价	68.00 元

未经许可，不得以任何方式复制或抄袭本书之部分或全部内容。
版权所有，侵权必究
举报电话：010-62752024　电子邮箱：fd@pup.cn
图书如有印装质量问题，请与出版部联系，电话：010-62756370

À la mémoire de ma mère, qui n'en a plus.

—Sun Kai

编者说明

《1453速成法语》最初是为北京大学非法语专业的学生能在短期内迅速掌握法语而研发的，2017年起在北京大学法学院的"研究生法语"、北京大学暑期学校的"速成法语"等课程中试用。2021年，本书在北京大学卓越项目的法语教学中应用，对标专业法语，力图在半年的时间内使非法语专业的同学在听、说、读、写各方面全方位接近甚至达到法语专业二年级下学期的水平（专业四级）。以上两种教学模式（二外、专业）均在实践中达到了理想的效果。本书所依托的"1453教学法"（原名"2+2教学法"）于2017年获得北京大学教学成果奖。

1453教学法的重心是词汇。由于历史上的相似经历以及旷日持久的相互影响，法语的大部分词汇和英语中的同义词看起来词形相同（如英语的art和法语的art）或相近（如英语的banana和法语的banane），这些词汇对于具有一定英语基础的读者来说易于识别，无须特殊记忆。而所谓1453，指的是和英语"义同形异"的1453个法语单词（如英语的day对应的是法语的jour），其中包括1216个基础单词和237个常用动词的变位[①]。一个有趣的巧合是，1453这个数字所对应

[①] 在1216个法语单词中，共327个动词，其中有1个动词需要另记29种变位形式，1个动词需要另记12种变位形式，1个动词需要另记10种变位形式，3个动词需要另记8种变位形式，2个动词需要另记7种变位形式，3个动词需要另记6种变位形式，8个动词需要另记5种变位形式，22个动词需要另记4种变位形式，2个动词需要另记1种变位形式，一共237个变位。

的年份和欧洲历史上的两件大事息息相关。一件是旷日持久的英法百年战争（1337—1453）在1453年结束，英、法两国从对峙转向合作；另一件是黑暗腐朽的中世纪（约476—1453）在1453年完结，欧洲即将迎来文艺复兴的曙光。这一巧合似乎暗示着：记忆这1453个词汇将是一个"山穷水尽疑无路"的艰难过程，但一旦克服，英、法两种语言便可在初学者的头脑中达成彼此的宽容与和解，由冤家变成兄弟，未来法语词汇记忆的道路将呈现"柳暗花明又一村"的可喜局面。理论上讲，法语零基础的学习者，只要能够识别1453个法语单词，就可在"词汇"层面上"攻克"法语。

在语法方面，1453教学法将"代词提前规律"视为初学者必须首先掌握的"核心语法"。所谓"代词提前规律"，指的是法语中的部分代词（直宾代词、间宾代词和副代词）需提到动词前。以直接宾语人称代词为例，在一个法语的"主+谓+宾"句式中，如果宾语是名词，要放在动词后，比如"我爱中国"在法语中就说成"我爱中国"（j'aime la Chine）；但如果宾语是代词，则要放在动词前，比如"我爱你"在法语中要说成"我你爱"（je t'aime）。理论上讲，法语零基础的学习者，只要掌握了代词提前规律，加上1453个法语单词，就可大致读懂比较高级的法语文献。

如在法语学习方面对自己有较为专业的要求，读者需要注意以下两点：一、在词汇方面，除"识别"外，尚需具备对1453个法语单词以及之外的其他法语单词（和英语"义同形同"或"义同形近"的单词）的听、说、写能力。二、在语法方面，需掌握教材中的"非核心语法"及"尾注语法"。"非核心语法"涉及名词性、数、动词时态等较为重要的语法知识，它们分布在教材的每一课之中，构成了法语语法逻辑的主线。"尾注语法"涉及主有形容词、关系代词等相对次要的语法知识，它们由书中的相关例句引出（以阿拉伯数字1、2、3……的上标形式作为标记），以尾注的形式置于本书正文之后。

本书共16课。每课分语法和例句/课文两个部分。第一部分即"非核心语法"，第二部分则用有营养、有温度、有内涵的例句或课文把和英语义同形异的法语词汇串连起来。每个基础单词第一次出现时（个别单词除外），都以下画线的形式加以标注（例如main）。本书共涉及1216个基础单词，所以书中共有1216个下画线。除语法、例句/课文外，第1—4课还包括语音部分，训练读者学习法语的发音和语调，掌握拼读规则。

除文字材料外，本书还有配套的有声材料，包括翻译句子、翻译文章和词汇表的录音（可扫描第1—16课标题页上的二维码获取）。此外，为帮助读者更加灵活地掌握1453个词汇，我们另行编写了参考书《1453词汇应用范例》（待出版），为每个基础单词提供2—5个例句，并配有法国人的原声录音。

《1453速成法语》由孙凯编著，法籍教师Maxime Ferbus审阅，北京大学出版社的初艳红女士为本书的编辑出版付出了辛勤劳动并提出了许多宝贵意见，北京大学法语系研究生孟瑶、王元博、涂君璐等同学在成稿过程中给予了很大帮助，书中的有声材料大部分来自Maxime Ferbus和Matthieu Bertrand两位法籍教师，在此一并致谢。限于水平，本书一定存在诸多不足，所有疏漏，责任全在笔者一人。

孙　凯

目 录

预备性知识 …………………………………………………… 1

第1课　初级音素 …………………………………………… 2

第2课　中级音素（I） …………………………………… 11

第3课　中级音素（II） ………………………………… 23

第4课　高级音素 …………………………………………… 33

第5课　第一组动词 ………………………………………… 46

第6课　第二组动词 ………………………………………… 53

第7课　第三组动词 ………………………………………… 60

第8课　代词提前（I） …………………………………… 70

第9课　代词提前（II） ………………………………… 78

第10课　代词提前（III） ……………………………… 87

第11课　代词式动词 ……………………………………… 97

第12课　复合式过去时（avoir作助动词） …………… 107

第13课　复合式过去时（être作助动词） …………… 118

第14课 未完成过去时 ………………………………………… 128

第15课 虚拟式（Ⅰ） ………………………………………… 138

第16课 虚拟式（Ⅱ） ………………………………………… 149

尾注语法 ……………………………………………………… 160

预备性知识

1. 音符

    1) 长音符，如â, î, ê, û。

    2) 开音符，如è。

    3) 闭音符，如é。

    4) 分音符，如ï。

    5) 软音符，如ç。

2. 音节

    1) 音节以元音为基础，每个元音音素构成一个音节。

    2) 在元音之间的两个相邻的辅音分属前后两个音节。

    3) 以元音结尾的音节为开音节，以辅音结尾的音节为闭音节。

3. 基本拼读规则

    1) 两个相同的字母连在一起时，只发成一个音，比如Anne[an]，cc在e, i, y前除外。

    2) 规则重叠时，字母组合优于字母，分音符优于字母组合。

    3) 每个字母（字母组合）都要发音，以下情况除外：

        (a) 字母h。

        (b) 在词尾的e。

        (c) 在词尾的辅音字母（c, f, l, r 除外）。

第1课　初级音素

初级音素的读音规则和英语或汉语拼音的读音规则相差不大。见表1。

表1　初级音素

发音	拼法	说明	举例
[a]	a, à, â	—	la, ta, date
[p]	p	—	papa, pape, pipe
[b]	b	—	bébé, bise, bible
[t]	t	—	ta, socialiste
[d]	d	—	date, difficile
[k]	c k qu	不在 e, i, y 前 — —	avocat, côte kaki qui, que
[g]	g gu	不在 e, i, y 前 —	gare, gaffe guide, figue
[f]	f ph	— —	face, fini philosophie, photo
[v]	v w	— —	vie, vase wagon
[m]	m	—	madame, mystique
[n]	n	—	banane, phonique
[l]	l	—	lit, lac

（续表）

发音	拼法	说明	举例
[s]	s	—	si, sa
	ç	—	ça
	c	在 e, i, y 前	cela, ici, cycle
[z]	z	—	zéro
	s	在两个元音字母之间	lise

注释

1. 在法语中，如果后面有元音，浊辅音[b]、[d]、[g]声带振动，清辅音[p]、[t]、[k]声带不振动。
2. 在少数词中，字母e在mm或nn前读[a]，如femme，solennel。
3. 字母w多读[v]，如wagon，WC。
4. 在少数词中，字母t和x读[s]，如patient，dix。
5. 在少数词中，字母x读[z]，如dixième。
6. 在少数词中，gu读成[gy]，如linguistique。

热身小知识

1. 主语人称代词

主语人称代词是作主语的代词。

je [ʒə]	我	nous [nu]	我们
tu [ty]	你	vous [vu]	您，你们
il	他，它	ils	他们，它们
elle [ɛl]	她，它	elles	她们，它们

2. 名词的性和数

1）法语的名词有阴性、阳性之分。绝大部分名词的阴阳性是约定俗成的，无规律可循。在词汇表中，*n.m.*表示阳性，*n.f.* 表示阴性。如：lit *n.m.* 床，salle *n.f.* 房间，厅室。

2）名词变成复数，一般在词末加s，如：lits，salles（s不发音）。如果名词本身是以s结尾，变成复数就不加s了。如fils（儿子）的复数仍然是fils。

3）部分以al结尾的名词变成复数，把al变成aux，如animal（动物）、animaux（动物复数）；部分以eau或eu结尾的名词变成复数，词尾加x，如：château（城堡）、châteaux（城堡复数）；cheveu（头发）、cheveux（头发复数）。

4）表示人的职业、身份、国籍，以及一部分表示动物的名词，变成阴性加e，变成复数加s，变成阴性复数加es。如：avocat（男律师）、avocate（女律师）、avocats（律师们）、avocates（女律师们）；ami（男朋友）、amie（女朋友）、amis（朋友们）、amies（女朋友们）；éléphant（公象）、éléphante（母象）、éléphants（大象复数）、éléphantes（母象复数）。如果名词本身是以e结尾，变成阴性就不加e了，如：un malade（一位男病人）、une malade（一位女病人）。有些名词变成阴性，除了在后面加e外，前面也要稍作变形，如：un ouvrier（一个男工人）、une ouvrière（一个女工人）。

5）有些动物的阴阳性是固定的，与自然性别无关。如：rat（老鼠）、moustique（蚊子）永远是阳性，grue（鹤）、abeille（蜜蜂）、crevette（虾）永远是阴性。

3. 定冠词和不定冠词

和英语一样，法语有不定冠词和定冠词之分。不定冠词表示泛指，定冠词表示确指。见表2。

第 1 课　初级音素

表2　定冠词和不定冠词

冠词分类	阳性	阴性	复数
不定冠词	un	une	des
定冠词	le	la	les

如：un lit（一张床）、une salle（一间大厅）、des lits（一些床）、des salles（一些大厅）；le lit（那张床）、la salle（那间大厅）、les lits（那些床）、les salles（那些大厅）。

翻译句子

1. — Ça va (*go*)?

   —Oui, ça va.

2. Il avance pas à pas.

3. L'offre est supérieure à la demande.

4. «R. P. C.» est le sigle de l'expression «République Populaire de Chine».

5. Tu catalogues les gens (*people*) si vite !

6. Le flic (*cop*) ordonne à la femme d'aller (*go*) signer là-bas, mais (*but*) l'avocat lui demande (*asks*) de refuser.

7. La justice, ici-bas, vient (*comes*) souvent tard.

8. Plus vite, plus haut, plus fort.

   　　　　　　　　　　—Pierre de Coubertin

9. Mille lecteurs, mille Hamlet.

10. L'immortalité de l'âme est une superstition.

11. Son (*his*) âne a mal à la patte.

12. Les danseuses de ballet ont mal à la pointe des pieds.

13. C'est（*This is*）un assassin: il a transmis intentionnellement le virus du

SIDA à sa fiancée !

14. Diable ! diable ! Sept mille euros pour un dîner?

15. L'ami de Paul a réalisé son rêve (*his dream*) de gosse (*kid*): avoir (*have*) une piscine privée.

16. Frollo：Esmeralda, si tu refuses de te marier avec moi (*with me*), je te tuerai (*will kill you*). Décide: lit ou tombe? bague ou balle?

17. Mon téléphone est sur (≈*on*) la nappe, en (≈*in*) mode vibreur.

18. Géographiquement, l'Italie est en forme de botte !

19. Le succès de *Microsoft* est le fruit de son habile publicité.

20. Le tabac et (*and*) le maïs sont les principaux produits cultivés sur l'île.

21. A Pâques, les femmes internautes sont la première (*first*) cible des publicitaires. Qui peut (*can*) résister à la tentation des soldes?

22. A son avis, il est facile de critiquer, mais difficile de construire.

23. Ce tas de sable ressemble à une pyramide.

词汇表

1. je *pron. pers.* 我（主语代词）【I】

2. tu *pron. pers.* 你（主语代词）【you】

3. il *pron. pers.* 他（它）（主语代词）【he/it】

4. elle *pron. per.* 她（它）（主语代词）【she/it】

5. nous *pron. pers.* 我们（主语代词）【we】

6. vous *pron. pers.* 你们（您）（主语代词）【you】

7. lit *n.m.* 床【bed】

8. salle *n.f.* 房间，厅室【room, hall】

9. fils *n.m.* [fis] 儿子【son】

10. château *n.m.* 城堡【castle】

11. cheveu *n.m.* 头发【hair】

12. avocat, e *n.* 律师【lawyer】

13. ami, e *n.* 朋友【friend】

14. malade *adj.* et *n.* 生病的（人）【sick, ill】

15. ouvrier, ère *n.* 工人【worker】

16. grue *n.f.* 鹤；起重机【crane; derrick】

17. abeille *n.f.* 蜜蜂【bee】

18. crevette *n.f.* 虾【prawn】

19. un(e) *adj. num.* 一【one】；*art. indéf.* 一个【a】；des *pl.* 一些【≈some】

20. le (la, les) *art. déf.* 这个，那个（这些，那些）【the】

21. ça *pron. dém.* （口）这个【it】

22. oui *adv.* 是，是的【yes】

23. pas *n.m.* 步子，脚步【step】；*adv.* 不，没（与ne连用）【not】

24. à *prép.* 在；到【at; to】

25. être *v.i.* 是【be】

26. sigle *n.m.* 缩略语【acronym, initials】

27. de *prép.* ……的；从，自【of; from】

28. si *conj.* 如果；是否【if】；*adv.* 如此地【so】；*adv.* 是，是的（对否定形式的一般疑问句作肯定回答）【yes】

29. vite *adv.* 很快地【quickly】

30. femme *n.f.* 女人；妻子【woman; wife】

31. là *adv.* 那边，那里【there】

32. bas, se *adj.* 低的【low】；*n.m.* 长筒袜【stocking】

33. ici *adv.* 这里【here】

34. souvent *adv.* 经常地【often】

35. tard *adv.* 晚【late】

36. haut, e *adj.* 高的【high】

37. fort, e *adj.* 强壮的；擅长的【strong; good (at)】；*adv.* 很，非常；有力地【highly】

38. mille *adj.* et *n.m.* 一千【thousand】

39. âme *n.f.* 灵魂【soul】

40. âne *n.m.* 驴子；笨蛋【donkey】

41. avoir *v.t.* 有【have】

42. mal *adv.* 不好地【badly】；*n.m.* 疼痛【pain】

43. patte *n.f.* 爪子【paw】

44. pied *n.m.* 脚【foot】

45. SIDA *n.m.* 艾滋病【AIDS】

46. diable *n.m.* et *interj.* 鬼；见鬼【devil; go to hell】

47. sept *adj. num.* [sɛt] 七【seven】

48. pour *prép.* 为了【for】

49. piscine *n.f.* 游泳池【pool】

50. avec *prép.* 和……一起【with】

51. ou *conj.* 或者【or】

52. bague *n.f.* 戒指 【ring】

53. balle *n.f.* 子弹 【bullet】

54. nappe *n.f.* 桌布，台布 【tablecloth】

55. botte *n.f.* 靴子 【boot】

56. habile *adj.* 灵活的，灵巧的 【skilful, clever】

57. maïs *n.m.* [mais] 玉米 【corn】

58. île *n.f.* 岛屿 【island】

59. Pâques *n.m.* 复活节 【Easter】

60. cible *n.f.* 目标，靶子 【target】

61. qui *pron. interr.* 谁 【who】

62. solde *n.m.* 削价出售的商品 【sale】

63. avis *n.m.* 见解 【view】

64. facile *adj.* 容易的 【easy】

65. tas *n.m.* 堆，垛 【heap】

66. sable *n.m.* 沙子 【sand】

动词变位

être的现在时

Je suis	Nous sommes
Tu es	Vous êtes
Il est	Ils sont

avoir的现在时

J'ai	Nous avons
Tu as	Vous avez
Il a	Ils ont

* 你已记住了66+11=77个法语单词,还剩下1376(1453–77)个,进度条为5%(77/1453)。

第2课　中级音素（I）

中级音素的读音规则和英语或汉语拼音的读音规则有所不同，但在英语或汉语中能找到大致对应的音。见表3。

表3　中级音素（I）

发音	拼法	说明	举例
[ʃ]	ch	—	chat, Chine
[ʒ]	j g	— 在 e, i, y 前	joli, jade bagage, gifle, gymnase
[ɛ]	è ê e ai aî ei et	— — 1. 在闭音节中 2. 在两个相同的辅音字母前 — 在词尾	père, chère même, blême texte, exercice belle, cesse lait, aîné, neige poulet
[e]	é er, ez es	— 在词尾 单音节词尾，非名词复数	été aller, assez les, des, mes
[ə]	e	在单音节词中 在词首开音节中 在"辅辅 e 辅"中	ne, me, que petit, ceci mercredi
[y] [ɥ]	u, û	—	tu, mûr, actuel
[w] [u]	ou, où, oû	—	fou, où, coûter
[wa]	oi	—	loi, au revoir

（续表）

发音	拼法	说明	举例
[ɔ]	o	—	économie
[o]	o ô au eau	在词尾开音节中 在 [z] 音前 — — —	stylo chose tôt, hôpital aussi, faux cadeau, roseau

注释

1. 在少数词中，ch读成[k]，如orchestre, technique。
2. 字母e在"元辅e辅元"中不发音，如acheter。

基本句型

1. C'est [sɛ] 这是（加单数名词），如：

    C'est un colis.

    这是一个包裹。

    C'est une chaise.

    这是一把椅子。

2. Ce sont [səsɔ̃] 这是（加复数名词），如：

    Ce sont des colis.

    这是一些包裹。

    Ce sont des chaises.

    这是一些椅子。

第 2 课　　中级音素（Ⅰ）

热身小知识

1. 重读人称代词

moi [mwa]	我	nous	我们
toi [twa]	你	vous	您，你们
lui [lɥi]	他，它	eux [ø]	他们，它们
elle	她，它	elles	她们，它们

重读人称代词可以：

1) 用于省略句中，如：

a) — Qui? —Moi.

"谁呀？" "我。"

b) J'adore la bibliothèque, et toi?

我喜欢图书馆，你呢？

2) 用于c'est后面，如：

Madame Bovary, c'est moi.

包法利夫人，就是我。

3) 用于介词后，如：

Julie désire voir un film avec moi.

朱丽希望和我看一场电影。

4) 用作主语的同位语，表示强调，如：

Les Chinois, eux, ils utilisent les baguettes à table.

中国人，他们在饭桌上用筷子。

2. 否定句

否定变位动词，需用ne...pas夹住动词，如：

C'est un oiseau.

这是一只小鸟。

Ce n'est pas un oiseau.

这不是一只小鸟。

另如：

Il prend le récipient.

他拿起那只容器。

Il ne prend pas le récipient.

他没有拿起那只容器。

3. 形容词

1) 形容词一般放在名词后面。

2) 少数常用的单音节或双音节形容词可以放在名词前面，如：grand (*big*), petit (*small*), beau, bon (*good*), long, mauvais (*bad*), court (*short*), jeune (*young*), vieux (*old*), joli (*pretty*), large 等。

3) 形容词要与它所修饰的名词保持性、数一致。

a) 一般而言，形容词变阴性加 e，变复数加 s，变阴性复数加 es。如：

un ami intelligent

une amie intelligente

des amis intelligents

des amies intelligentes

b) 如果形容词本身是 e 结尾，变成阴性就不加 e 了，如：

un ami blême（libre, célèbre）

une amie blême（libre, célèbre）

c) 如果形容词本身是s结尾，变成复数就不加s了，如：

un ami chinois

des amis chinois

d) 有些形容词有专门的阴阳性形式，需要单独记忆，如beau（美丽的）的阴性形式是belle。另如指示形容词ce，阴性形式是cette，复数是ces；以元音字母或哑音h开始的阳性名词前用cet，如：

ce lit （这张床），ces lits（这些床）

cette balle （这颗子弹），ces balles （这些子弹）

cet ami（这个男友），ces amis （这些朋友）

cette amie（这个女友），ces amies（这些女朋友）

翻译句子

1. Je pense, donc je suis.

—Descartes

2. Louis XIV dit: «L'Etat, c'est moi.» Louis XV dit: «Après moi, le déluge.» Louis XVI dit: «Rien.»

3. Une femme, une source, un peu de champ, manger, prier et aimer, c'est la recette du bonheur.

4. J'ai vu, j'ai fait, j'ai aimé. Au revoir et merci.

5. Le pessimiste a peur avant le danger, le lâche au milieu du danger, le courageux après le danger.

6. Wang Ming, étudiant (*student*) chinois, qui est né en Chine et y a grandi (*grew up*) du berceau jusqu'à ses[1] dix-huit ans, n'a pas réussi le HSK (sigle de l'expression 汉语水平考试) en France: cet échec lui a fait l'effet d'une gifle.

7. Par la fenêtre de chez moi, je vois un petit chat très mignon qui laisse quelques traces de pattes sur la neige.

8. Le passé a des blancs qui sont noirs.

—Elsa Triolet

9. Un humoriste, c'est un philosophe qui rit jaune.

—Emile Coderre

10. Quand le chat n'est pas là, les souris dansent.

11. A midi, elle s'est installée dans une salle vide pour organiser le fil de son discours.

12. Il n'y a qu'un héroïsme au monde: c'est de voir le monde tel qu'il est, — et de l'aimer.

—Romain Roland

13. Qui chante son mal enchante.

—Théodore Aubanel

14. Laisser partir sans regret, laisser venir sans peur.

15. Il trouve romantique d'aller avec sa petite amie à la bibliothèque très tôt le mardi, le mercredi, et le vendredi matin.

16. Elle tombe sur Xiao Ming, son ancien petit ami, huit ans après leur séparation.

Il dit: «Comment vas-tu?»

—Je vais très bien, dit-elle.

—Comment va-t-il?

—Il va très bien. Et toi, comment vas-tu? reprend-elle.

—Je vais très bien.

—Comment va-t-elle?

—Elle vient de me dire qu'elle va très bien.

词汇表

67. colis *n.m.* 包裹 【parcel】

68. chaise *n.f.* 椅子 【chair】

69. moi *pron.* 我（重读代词）【me】

70. toi *pron.* 你（重读代词）【you】

71. lui *pron.* 他/它（重读代词）【him/ it】

72. eux *pron.pers.m.pl.* 他（它）们（重读代词）【them】

73. bibliothèque *n.f.* 图书馆 【library】

74. et *conj.* [e] 和 【and】

75. voir *v.t.* 看见 【see】

76. utiliser *v.t.* 使用 【use】

77. baguette *n.f.* 长棍面包；*pl.* 筷子 【French loaf; chopsticks】

78. oiseau *n.m.* 鸟 【bird】

79. prendre *v.t.* 拿；喝；吃；搭乘 【take】

80. récipient *n.m.* 容器，器皿 【container】

81. blême *adj.* （脸色）苍白的 【pale】

82. libre *adj.* 自由的；空闲的 【free】

83. célèbre *adj.* 著名的 【famous】

84. beau (bel, belle) *adj.* 美丽的 【beautiful】

85. ce *pron. dém.* 这个（指人或事物）【≈ this, that, it】；*adj. dém.* （cet, cette, ces）这个，那个；这些，那些 【this, that; these, those】

86. penser *v.i.* et *v.t.* 想 【think】

87. donc *conj.* 因此【so】

88. dire *v.t.* 说，讲【say】

89. état *n.m.* 国家；状态【state】

90. après *prép.* et *adv.* 在……以后【after】

91. rien *pron.* 什么也没有，什么也不【nothing】

92. peu *adv.* 少【few, little】

93. champ *n.m.* 田野【field】

94. manger *v.t.* 吃【eat】

95. prier *v.t.* 祈求【pray】

96. aimer *v.t.* 爱；喜欢【love; like】

97. recette *n.f.* 烹饪法【recipe】

98. bonheur *n.m.* 幸福【happiness】

99. faire *v.t.* 做【do】

100. merci *interj.* 谢谢【thank you】

101. peur *n.f.* 害怕【fear】

102. avant *prép.* 在……之前（一般表示时间）【before】

103. lâche *adj.* 懦弱的【coward】

104. milieu *n.m.* 中间，中央，中部【middle】

105. chinois, e *n.* 中国人；*adj.* 中国（人）的；*n.m.* 汉语【Chinese】

106. naître *v.i.* 诞生【be born】

107. en *prép.* 在……（表示地点）；在……时候，在……时间内【in】；*pron. adv.*（副代词）【无对应英文】

108. y *pron. adv.*（副代词）【无对应英文】

109. berceau *n.m.* 摇篮；发源地【cradle】

第 2 课　中级音素（I）

110. jusque *loc. prép.* 直到【until】

111. dix *adj. num.* [dis] 十【ten】

112. huit *adj. num.* [ɥit] 八【eight】

113. an *n.m.* 年，岁【year】

114. réussir *v.i. et v.t.* 成功【succeed】

115. échec *n.m.* 失败【failure】

116. gifle *n.f.* 耳光【slap】

117. par *prép.* 由……经过，通过……【by】

118. fenêtre *n.f.* 窗子【window】

119. chez *prép.* 在……家里【at someone's house】

120. petit, e *adj.* 小的【small】

121. chat *n.m.* 猫【cat】

122. très *adv.* 很，非常【very】

123. mignon, ne *adj.* 娇小可爱的【cute】

124. laisser *v.t.* 让；留下，搁下【let; leave】

125. quelque *adj.* 某些，几个【some】

126. sur *prép.* 在……上面；关于【on】

127. neiger *v.imp.* 下雪【snow】

128. blanc, blanche *adj.* [blɑ̃, -ʃ] 白色的【white】

129. noir, e *adj.* 黑色的【black】

130. rire *v.i.* 笑【laugh】

131. jaune *adj.* 黄色的【yellow】

132. quand *adv. interr.* 何时，什么时候【when】

133. souris *n.f.* 小老鼠；鼠标【mouse】

134. midi *n.m.* 中午【noon】

135. dans *prép.* 在……里【in】

136. vide *adj.* 空的【empty】

137. fil *n.m.* 线【thread】

138. monde *n.m.* 世界；人们【world；people】

139. tel, le *adj.* 这样的，如此的【such】

140. chanter *v.t.* 唱歌【sing】

141. partir *v.i.* 出发，动身【set off】

142. sans *prép.* 无，没有【without】

143. venir *v.i.* 来【come】

144. trouver *v.t.* 找到，觉得【find】

145. aller *v.i.* 去【go】

146. tôt *adv.* 早【early】

147. mardi *n.m.* 星期二【Tuesday】

148. mercredi *n.m.* 星期三【Wednesday】

149. vendredi *n.m.* 星期五【Friday】

150. matin *n.m.* 早晨，上午【morning】

151. tomber *v.i.* 摔倒；掉下，落下【fall】

152. comment *adv.* 如何，怎么【how】

153. bien *adv.* 好【well】；*n.m.* 好处【good】

154. mon (ma, mes) *adj. poss.* 我的【my】

155. ton (ta, tes) *adj. poss.* 你的【your】

156. son (sa, ses) *adj. poss.* 他（她/它）的【his, her, its】；*n.m.* 声音【sound】

157. notre (nos) *adj. poss.* 我们的【our】

158. votre (vos) *adj. poss.* 你们（您）的【your】

159. leur *adj. poss.* 他（她/它）们的【their】

160. fromage *n.m.* 奶酪【cheese】

161. bière *n.f.* 啤酒【beer】

162. soulier *n.m.* 鞋，皮鞋【shoe】

163. armoire *n.f.* 衣橱，橱柜【wardrobe】

164. horloge *n.f.* 时钟【clock】

动词变位

prendre的现在时

Je prends	Nous prenons
Tu prends	Vous prenez
Il prend	Ils prennent

faire的现在时

Je fais	Nous faisons
Tu fais	Vous faites
Il fait	Ils font

venir的现在时

Je viens	Nous venons
Tu viens	Vous venez
Il vient	Ils viennent

aller的现在时

Je vais	Nous allons
Tu vas	Vous allez
Il va	Ils vont

* 你已记住了164+26=190个法语单词,还剩下1263个,进度条为13%。

第3课　中级音素（Ⅱ）

另一部分中级音素见表 4。

表4　中级音素（Ⅱ）

发音	拼法	说明	举例
[ã]	am, an, em, en	后面不能紧跟 m, n 或元音字母	jambe, manger, temps, lent
[ɛ̃]	aim, ain, ein, im, in, um, un, ym, yn	后面不能紧跟 m, n 或元音字母	faim, demain, plein, impossible, matin, humble, lundi, sympa, syndicat
[ɔ̃]	om, on	后面不能紧跟 m, n 或元音字母	nom, bon
[ks]	x	后不接元音	texte
[gz]	x	后接元音	examiner
[wɛ̃]	oin	—	loin, besoin
[jɛ̃]	ien	—	bien, moyen
[sjɔ̃]	tion	前面没有 s	félicitations
[stjɔ̃]	stion	—	question
[j] [i]	i, î, ï, y	—	lit, île, haïr, type, ciel, yoga
[j]	-il, -ille	在元音后并且在词尾	travail, bataille
[ij]	-ille	在辅音后	fille, famille
[ɲ]	gn	—	montagne, cognac

注释

1. 在少数词中，ille 读成[il]，如 mille，ville，village。

2. 字母y处于两个元音字母之间时，其作用相当于两个i，分别与前后两个元音字母拼读，如voyage = voi+iage [vwajaʒ]。

基本句型

1. Il faut... 需要（faut的原形是falloir）。

    1) 加名词，如：

        Il faut un blouson et un caleçon.

        需要一件夹克衫和一条短裤。

    2) 加动词原形，如：

        Il faut aimer la vie (*life*).

        要热爱生活。

        Il faut suffisamment mâcher avant d'avaler.

        要充分咀嚼后再吞咽。

        Il ne faut pas mélanger l'alcool et le wasabi.

        不要把酒和芥末搅和在一起。

2. Il y a... 某地有某物，相当于英文的there be句型，如：

    Il y a une tasse sur la table.

    桌子上有一个杯子。

    Il y a deux professeurs dans la salle de classe.

    教室里有两位老师。

    Il y a trois librairies dans la rue.

    大街上有三家书店。

第 3 课　中级音素（II）

热身小知识

1. 一般疑问句

需要用oui（是）或non（不是）回答的疑问句叫作一般疑问句，有三种形式。如把Elle est ivre.（她醉了）变成一般疑问句，可以采用以下三种方式。

1) 把陈述句的句号改成问号，语调由降调变成升调：

Elle est ivre?

2) 主谓颠倒：

Est-elle ivre?

如果主语是名词，而且动词后面有宾语，变成疑问句时不能倒装，而要采取"名词+动词+和名词相应的主语代词"形式。如原句是Luc étudie le chinois à l'Université de Pékin (吕克在北京大学学中文)，提问时要说成：

Luc étudie-t-il① le chinois à l'Université de Pékin?

3) 在陈述句前面加Est-ce que②，主谓不颠倒：

Est-ce qu'elle est ivre?

2. 特殊疑问句

有疑问词的疑问句叫作特殊疑问句。有两种形式，如对Il va③ à l'aéroport（他去机场）中的à l'aéroport提问，可以：

1) 疑问词+主谓颠倒：

Où va-t-il?

---

① t 是赘词，无实际意义。
② Est-ce que [ɛskə] 是一个工具词，无实际意义。
③ va 是动词 aller（去）的第三人称单数形式。

2) 疑问词+est-ce que+主谓不颠倒：

Où est-ce qu'il va?

3. 疑问词

1) 法语中主要的疑问词包括qui、quand（什么时候）、où、comment（怎么样）、quel（哪个）、pourquoi（为什么）、combien de（多少）等。比如对Alain prend deux tasses de thé avec sa fille aînée à la maison à huit heures du soir, parce qu'il veut lui raconter son histoire d'amour passée.（阿兰晚上8点和大女儿在家里喝了两杯茶，因为他想跟她讲述自己过去的感情经历。）这句话进行提问：

a) 针对Alain提问：

Qui prend deux tasses de thé avec sa fille aînée à la maison à huit heures du soir?

是谁在晚上8点和大女儿在家里喝了两杯茶？

b) 针对sa fille aînée提问：

Avec qui Alain prend-il deux tasses de thé à la maison à huit heures du soir?

阿兰晚上8点和谁在家里喝了两杯茶？

c) 针对à la maison提问：

Où Alain prend-il deux tasses de thé avec sa fille aînée à huit heures du soir?

阿兰晚上8点和大女儿在哪里喝了两杯茶？

d) 针对à huit heures du soir提问：

Quand Alain prend-il deux tasses de thé avec sa fille aînée à la maison?

阿兰在什么时候和大女儿在家里喝了两杯茶？

e) 针对aînée提问：

Avec quelle fille Alain prend-il deux tasses de thé à la maison à huit heures du soir?

阿兰晚上8点在家里和哪个女儿喝了两杯茶？

f) 针对deux提问：

Combien de tasses de thé Alain prend-il avec sa fille aînée à la maison à huit heures du soir?

阿兰晚8点在家里和大女儿喝了几杯茶？

g) 针对parce qu'il veut lui raconter son histoire d'amour passée提问：

Pourquoi Alain prend-il deux tasses de thé avec sa fille aînée à la maison à huit heures du soir?

为什么阿兰晚上8点在家里和大女儿喝了两杯茶？

2) 对物提问，有三个疑问词：

a) 物是主语，用Qu'est-ce qui，如：

Le pain est sur la table.

面包在桌子上。

Qu'est-ce qui est sur la table?

桌子上有什么？

b) 物是直接宾语，用que，如：

Elle aime le chien.

她喜欢狗。

Qu'est-ce qu'elle aime?

她喜欢什么？

c) 物是介词宾语，用 quoi，如：

Les Français mangent avec le couteau et la fourchette.

法国人用刀叉吃饭。

Avec quoi mangent les Français?

法国人用什么吃饭？

翻译句子

1. Cet été, je suis tombé sur un drôle de magasin où les melons d'eau coûtaient cinq euros le kilo. C'est fou !
2. Jean distribue des prospectus au supermarché, mais son produit n'intéresse pas grand-monde. La nuit arrive, et l'employé n'a pas un sou pour manger. Nathalie, qui a beaucoup d'affection pour lui, rentre dans une boulangerie pour lui acheter une baguette.
3. Depuis ses huit ans, elle rêve d'avoir des ailes comme un oiseau pour quitter sa famille, et pour dire adieu à son passé misérable.
4. Lycée, ah ! Cimetière du temps de ma jeunesse.

　　　　　　　　　　　　　　　　　　　　——Gheorghe Bacovi

5. Boire peu pour boire longtemps.
6. Quand il a trop bu, il fait toujours des tas de blagues !
7. Il est maigre comme un clou.
8. N'accuse pas la mer de ton second naufrage.

　　　　　　　　　　　　　　　　　　　　——Publius Syrus

9. L'erreur d'un jour devient une faute, si l'on[2] y retombe.

　　　　　　　　　　　　　　　　　　　　——Publius Syrus

10. Certaines erreurs sont des étapes vers la vérité.

　　　　　　　　　　　　　—François de La Rochefoucauld
11. «Salut» est un mot qui est utilisé entre proches et qui signifie à la fois «bonjour» et «au revoir».

词汇表

165. falloir *v.imp.* 应该【无对应英文】
166. blouson *n.m.* 夹克衫【jacket】
167. caleçon *n.m.* 短裤【short pants】
168. mâcher *v.t.* 咀嚼【chew】
169. avaler *v.t.* 吞食【swallow】
170. mélanger *v.t.* 混合【mix】
171. tasse *n.f.* 杯子【cup】
172. deux *adj. num.* 二【two】
173. professeur *n.m.* 老师【teacher】
174. trois *adj. num.* 三【three】
175. librairie *n.f.* 书店【bookstore】
176. rue *n.f.* 街【street】
177. non *adv.* 不【no】
178. ivre *adj.* 醉的【drunk】
179. étudier *v.t.* 研究；学习【study】
180. où *adv. interr.* 哪里【where】
181. quel, le *adj. interr.* 什么样的，哪类的【what, which】*adj.*

exclam. 多么，何等【what a, how】

182. combien (de) *adv.* 多少【how much, how many】

183. thé *n.m.* 茶【tea】

184. fille *n.f.* 女孩；女儿【girl; daughter】

185. maison *n.f.* 房子；家【house】

186. heure *n.f.* 小时【hour】

187. soir *n.m.* 晚上【evening】

188. parce que *loc. conj.* 因为【because】

189. pain *n.m.* 面包【bread】

190. que *pron. interr.* 什么【what】；*conjonction de subordination* （作为连词引出从句）【that】

191. chien *n.m.* 狗【dog】

192. quoi *pron. interr.* 什么（重读代词）【what】

193. français, e *n.* 法国人；*adj.* 法国（人）的；*n.m.* 法语【French】

194. couteau *n.m.* 刀【knife】

195. fourchette *n.f.* 餐叉【fork】

196. été *n.m.* 夏天【summer】

197. magasin *n.m.* 商店【shop】

198. eau *n.f.* 水【water】

199. coûter *v.i.* 值（多少钱）【cost】

200. cinq *adj. num.* [sɛ̃k] 五【five】

201. fou (fol), folle *adj. et n.* 疯狂的；疯子【crazy, mad】

202. mais *conj.* 但是【but】

203. grand, e *adj.* 大的【big】

第 3 课 中级音素（II）

204. nuit *n.f.* 夜晚 【night】

205. sou *n.m.* 钱 【≈penny】

206. beaucoup *adv.* 很多，非常 【much】

207. boulangerie *n.f.* 面包店 【bakery】

208. acheter *v.t.* 购买 【buy】

209. depuis *prép.* 自……以来 【since】

210. rêve *n.m.* 梦；梦想 【dream】

211. aile *n.f.* [εl] 翅膀 【wing】

212. comme *conj.* 好像；作为；因为 【like; as】

213. lycée *n.m.* 高中 【high school】

214. temps *n.m.* 时间；天气 【time; weather】

215. jeune *adj.* 年轻的 【young】

216. boire *v.t.* 喝 【drink】

217. trop *adv.* 太 【too】

218. toujours *adv.* 总是，永远，依然 【always】

219. blague *n.f.* 玩笑话 【joke】

220. maigre *adj.* 瘦的 【thin】

221. clou *n.m.* 钉子 【nail】

222. mer *n.f.* 海，大海 【sea】

223. naufrage *n.m.* （船在海上）遇难，失事 【shipwreck】

224. jour *n.m.* 白天 【day】

225. devenir *v.i.* 变成 【become】

226. on *pron.* 人们；我们；某人 【无对应英文】

227. étape *n.f.* 阶段 【step】

228. vers *prép.* 朝向；将近【towards】

229. salut *n.m.* 你好；再见【hi; byebye】

230. mot *n.m.* 字，词【word】

231. entre *prép.* 在……之间【between】

232. proche *adj.* 近的【close】

233. fois *n.f.* 次，回【time】

234. travailler *v.i.* 工作【work】

235. dimanche *n.m.* 星期日【Sunday】

236. sonner *v.i.* 按铃，鸣响【ring】

237. porte *n.f.* 门【door】

238. entendre *v.t.* 听见【hear】

239. point *adv.* 不，没（与ne连用）【not】

* 你已记住了239+26=265个法语单词，还剩下1188个，进度条为18%。

第4课　高级音素

高级音素的读音规则和英语或汉语拼音的读音规则有所差异，它们在英语或汉语中并无大致对应的音。见表5。

表5　高级音素

发音	拼法	说明	举例
[œ]	eu, œu	—	aveugle, sœur
[ø]	eu, œu	1. 在词尾开音节中 2. 在 [z] 音前	banlieue, nœud creuser
[r]	r	—	rire, rompre

基本句型

表示天气的句型是：Il fait (un temps) + *adj.*。un temps经常省略，如：

Il fait beau.

天气很好。

Il fait mauvais.

天气不好。

Il fait chaud.

天很热。

Il fait froid.

天很冷。

Il fait doux.

天气温和。

Il fait sec.

天气很干。

Il fait humide.

天气很潮。

Il fait clair.

天色晴朗。

Il fait sombre.

天气阴沉。

Il fait nuageux.

多云。

Il fait mouillé dans la salle de bain.

浴室里很潮湿（充满水汽）。

Il fait 10°C.

现在是10摄氏度。

对天气提问，疑问词用quel：

Quel temps fait-il?

天气如何？

热身小知识

1. 缩合冠词

de+le = du　　de+les = des

à+le = au　　à+les = aux

如：Le nez du renard（狐狸的鼻子）、le bureau des pompiers（消防员们的办公室）、le café au lait（加了奶的咖啡）、le marché aux fleurs（花卉市场）。

2. 数字

0 zéro, 1 un(e), 2 deux, 3 trois, 4 quatre, 5 cinq, 6 six, 7 sept, 8 huit, 9 neuf, 10 dix, 11 onze, 12 douze, 13 treize, 14 quatorze, 15 quinze, 16 seize, 17 dix-sept, 18 dix-huit, 19 dix-neuf

20 vingt, 21 vingt et un(e), 22 vingt-deux...29 vingt-neuf

30 trente, 31 trente et un(e), 32 trente-deux...39 trente-neuf

40 quarante, 41 quarante et un(e), 42 quarante-deux...49 quarante-neuf

50 cinquante, 51 cinquante et un(e), 52 cinquante-deux...59 cinquante-neuf

60 soixante, 61 soixante et un(e), 62 soixante-deux...69 soixante-neuf

70 soixante-dix, 71 soixante et onze, 72 soixante-douze...79 soixante-dix-neuf

80 quatre-vingts, 81 quatre-vingt-un(e), 82 quatre-vingt-deux...89 quatre-vingt-neuf

90 quatre-vingt-dix, 91 quatre-vingt-onze, 92 quatre-vingt-douze...99 quatre-vingt-dix-neuf

100 cent, 101 cent un(e)...

200 deux cents, 201 deux cent un(e)...

1,000 mille, 2000 deux mille...

10,000 dix mille

100,000 cent mille

1,000,000 un million

10,000,000 dix millions

100,000,000 cent millions

1,000,000,000 un milliard

翻译句子

1. Le père amnésique regarde longuement son fils aîné – il a oublié son nom.

2. Actuellement, les symptômes de la grippe sont assez caractéristiques. Mais d'où vient le virus? du bœuf, du singe ou du poulet? Les experts sont loin de s'accorder sur le sujet.

3. Je ne veux pas lécher les bottes de mon patron pour avoir une augmentation de salaire.

4. Prendre avec simplicité, et lâcher facilement.

　　　　　　　　　　　　　　　　　　　　　　　　——Marc Aurèle

5. Avec plusieurs mois de décalage, Céline, le mouvement #MeToo arrive en France.

6. On ne fait pas d'omelette sans casser d'œufs.①

7. Il se creuse la tête pour plaire à sa fiancée.

8. Descendez dans trois arrêts s'il vous plaît.

9. Il n'y a pas de fumée sans feu.

10. Il faut qu'une constitution soit courte et obscure. Elle doit être faite de manière à ne pas gêner l'action du gouvernement.

　　　　　　　　　　　　　　　　　　　　　　　　——Napoléon Bonaparte

---

① 否定句中直接宾语前面的不定冠词要变成 de。

11. Lorsque ses amis ont fait leurs bagages et sont tous partis en voyage, cet étudiant passe toutes ses vacances dans sa chambre à dessiner au stylo les choses qu'il prétend avoir vues en rêve la veille. Les voisins le prennent pour un fou.

12. Petit à petit, l'oiseau fait son nid.

13. Dans la vie il ne faut jamais rester indifférent: il faut soit aimer, soit haïr.

14. Mon frère va demander³ une bourse.

15. C'est la faim qui a poussé Sophie à voler du⁴ jambon: elle n'a plus de travail, et elle a deux enfants à nourrir.

16. Le premier symptôme de l'amour vrai chez un jeune homme, c'est la timidité, chez une jeune fille, c'est la hardiesse.

—Victor Hugo

17. Il est le premier à avoir planté un drapeau sur la lune.

词汇表

240. mauvais, e [mɔvɛ] *adj.* 不好的 【bad】

241. chaud, e *adj.* 热的 【hot】

242. froid, e *adj.* 冷的，凉的 【cold】

243. doux, ce *adj.* 甜的；柔和的 【sweet, soft】

244. sec, sèche *adj.* 干燥的 【dry】

245. nuage *n.m.* 云 【cloud】

246. mouillé, e *adj.* 湿淋淋的，湿透的 【wet】

247. bain *n.m.* 洗澡 【bath】

248. nez *n.m.* 鼻子【nose】

249. renard *n.m.* 狐狸【fox】

250. bureau *n.m.* 办公室；办公桌【office; writing desk】

251. pompier *n.m.* 消防员【firefighter】

252. lait *n.m.* 奶【milk】

253. fleur *n.f.* 花【flower】

254. quatre *adj. num.* 四【four】

255. neuf *adj. num.* 九【nine】；neuf, ve *adj.* 崭新的【new】

256. onze *adj. num.* 十一【eleven】

257. douze *adj. num.* 十二【twelve】

258. treize *adj. num.* 十三【thirteen】

259. quatorze *adj. num.* 十四【fourteen】

260. quinze *adj. num.* 十五【fifteen】

261. seize *adj. num.* 十六【sixteen】

262. vingt *adj. num.* 二十【twenty】

263. trente *adj. num.* 三十【thirty】

264. quarante *adj. num.* 四十【forty】

265. cinquante *adj. num.* 五十【fifty】

266. soixante *adj.* et *n.* [swasɑ̃t] 六十【sixty】

267. cent *adj. num.* 一百【one hundred】

268. père *n.m.* 父亲【father】

269. regarder *v.t.* 看，注视，瞧【look at】

270. aîné, e *n.* et *adj.* 年龄较大的（人）【elder】

271. oublier *v.t.* 忘记【forget】

272. nom *n.m.* 姓名【name】

273. actuel, le *adj.* 目前的【current】

274. grippe *n.f.* 流感【flu】

275. assez *adv.* 足够，相当【enough】

276. singe *n.m.* 猴子【monkey】

277. poulet *n.m.* 鸡，鸡肉【chicken】

278. loin *adv.* 远【far】

279. vouloir *v.t.* 想，打算【want】

280. lécher *v.t.* 舔【lick】

281. patron, ne *n.* 老板【boss】

282. lâcher *v.t.* 放，释放【release】

283. plusieurs *adj. indéf. pl.* 好几个，好些【several】

284. mois *n.m.* 月份【month】

285. décalage *n.m.*（时间、空间的）差距【lag】

286. casser *v.t.* 打破【break】

287. œuf *n.m.* 蛋【egg】

288. creuser *v.t.* 挖掘，凿【dig】

289. tête *n.f.* 头【head】

290. plaire (à) *v.t. indir.* 使高兴【please】

291. arrêt *n.m.* 公共汽车站【stop】

292. fumer *v.i. et v.t.* 吸烟；冒烟【smoke】

293. feu *n.m.* 火【fire】；*adj.* 刚死的【deceased】

294. court, e *adj.* 短的【short】

295. devoir *v.t.* 应该；必须；欠【should; must; owe】；*n.m.* 责任；

作业【duty; homework】

296. gêner *v.t.* 使不舒服，使拘束【bother】

297. lorsque *conj.* 当……时【when】

298. bagage *n.m.* 行李【luggage】

299. tout *adv.* 非常，完全地【very】；*adj. indéf.* (toute, tous, toutes) 任何，都【each, all】

300. voyager *v.i.* 旅行【travel】

301. vacances *n.f.pl.* 假期【holidays】

302. chambre *n.f.* 房间，卧室【room】

303. dessin *n.m.* [desɛ̃] 图画【drawing】

304. stylo *n.m.* 钢笔【pen】

305. chose *n.f.* 事物，东西【thing】

306. veille *n.f.* 前一天，前夜【the day before】

307. voisin, e *n.* 邻居【neighbor】

308. nid *n.m.* 窝，巢【nest】

309. vivre *v.i.* et *v.t.* 生活【live】

310. jamais *adv.* 曾经；从来没有【ever; never】

311. rester *v.i.* 留下，剩下；保持某种状态【stay; remain】

312. soit *conj.* 即，就是【that is to say】；或者……或者……【either... or...】

313. haïr *v.t.* 仇恨，憎恶【hate】

314. frère *n.m.* 兄弟【brother】

315. demander *v.t.* 要求；问【ask】

316. bourse *n.f.* 助学金【scholarship】

317. faim *n.f.* 饥饿【hunger】

318. pousser *v.i.* 生长【grow】；*v.t.* 推【push】

319. voler *v.t.* 偷窃；*v.i.* 飞行【steal; fly】

320. jambe *n.f.* 腿【leg】

321. plus *adv.* 更【more】；*adv.* 不再（和ne连用）【no longer】

322. enfant *n.* 儿童，小孩【child】

323. nourriture *n.f.* 食物【food】

324. premier, ère *adj.* 第一【first】

325. vrai, e *adj.* 真实的，确实的【true, real】

326. homme *n.m.* 男人；人【man】

327. hardi, e *adj.* 大胆的【bold】

328. drapeau *n.m.* 旗帜【flag】

329. lune *n.f.* 月亮，月球【moon】

330. ouvrage *n.m.* 工作；作品【work】

331. remporter *v.t.* 取得（尤指胜利）【take（win）】

332. abonné, e *n.* 订阅者【subscriber】

333. trou *n.m.* 洞，窟窿【hole】

334. mur *n.m.* 墙【wall】

335. sang *n.m.* 血【blood】

336. oie *n.f.* 鹅【goose】

337. chou *n.m.* 白菜【cabbage】

338. vélo *n.m.* 自行车【bike】

339. bateau *n.m.* 船【boat】

340. randonnée *n.f.* 远足【hike】

*你已记住了340+26=366个法语单词，还剩下1087个，进度条为25%。

法语的字母（见表6）和法语基本读音规则（见表7）如下：

表6　法语的字母

印刷体	书写体	读音	印刷体	书写体	读音
Aa	Aa	[a]	Nn	Nn	[ɛn]
Bb	Bb	[be]	Oo	Oo	[o]
Cc	Cc	[se]	Pp	Pp	[pe]
Dd	Dd	[de]	Qq	Qq	[ky]
Ee	Ee	[ə]	Rr	Rr	[ɛ:r]
Ff	Ff	[ɛf]	Ss	Ss	[ɛs]
Gg	Gg	[ʒe]	Tt	Tt	[te]
Hh	Hh	[aʃ]	Uu	Uu	[y]
Ii	Ii	[i]	Vv	Vv	[ve]
Jj	Jj	[ʒi]	Ww	Ww	[dubləve]
Kk	Kk	[kɑ]	Xx	Xx	[iks]
Ll	Ll	[ɛl]	Yy	Yy	[igrek]
Mm	Mm	[ɛm]	Zz	Zz	[zɛd]

表7　法语基本读音规则

字母/字母组合	发音	说明	举例
a, à, â	[a]	—	agir
ai, aî	[ɛ]	—	aigle, maître
aim	[ɛ̃]	*	faim
ain	[ɛ̃]	*	bain
am	[ɑ̃]	*	chambre
an	[ɑ̃]	*	dans
au	[o]	—	aube, auto
b	[b]	—	bol

（续表）

字母/字母组合	发音	说明	举例
c	[s]	在 e, i, y 前	ceci, cycle
	[k]	1. 不在 e, i, y 前 2. 在词尾	cage lac
ç	[s]	—	français
cc	[k]	不在 e, i, y 前	occasion
	[ks]	在 e, i, y 前	accident
ch	[ʃ]	—	chercher
d	[d]	—	digne
e	[ɛ]	1. 在闭音节中 2. 在两个相同的辅音字母前	avec elle
	[ə]	1. 在单音节词中 2. 在词首开音节 3. 辅辅 e 辅	le fenêtre vendredi
	不发音	1. 词尾 2. 元辅 e 辅元	amie promenade, fenêtre
é	[e]	—	télévision
è, ê	[ɛ]	—	mère, même
eau	[o]	—	beau
e(ff, ss)-	[e]	在词首	effet, essence
ei	[ɛ]	—	peine
ein	[ɛ̃]	*	plein
em	[ɑ̃]	*	emploi
en	[ɑ̃]	*	enfant
-er	[e]	在词尾	aller
-es	[e]	单音节词	des
-et	[ɛ]	在词尾	cadet
eu	[ø]	1. 在词尾开音节中 2. 在 [z] 音前	heureux creuse
	[œ]	除上述两种情况	beurre
-ez	[e]	在词尾	sautez
f	[f]	—	feu

（续表）

字母/字母组合	发音	说明	举例
g	[ʒ]	在 e, i, y 前	genre, gilet, gymnase
	[g]	不在 e, i, y 前	gare
gn	[ɲ]	—	montagne
h	不发音	—	héros
i	[i][j]	—	bibliothèque, ciel
ï, î	[i]	—	héroïne, île
ien	[jɛ̃]	*	lien
il	[j]	在元音后并且在词尾	soleil
ill	[j]	在元音后	travailler
	[ij]	在辅音后	fille
im	[ɛ̃]	*	impératif
in	[ɛ̃]	*	cinq
j	[ʒ]	—	jamais
k	[k]	—	kilo
l	[l]	—	logement
m	[m]	—	méfiance
n	[n]	—	nation
o	[o]	1. 在词尾开音节中	stylo
		2. 在 [z] 音前	reposer
	[ɔ]	除上述两种情况	orange
ô	[o]	—	tôt
œu	[ø]	在词尾开音节中	nœud
	[œ]	除上述情况外	sœur
oi, oî	[wa]	—	soi
oin	[wɛ̃]	*	coin
om	[ɔ̃]	*	ombre
on	[ɔ̃]	*	ontologie
ou, où, oû	[u]	—	loup, où, coût

第 4 课　高级音素

（续表）

字母/字母组合	发音	说明	举例
p	[p]	—	papier
ph	[f]	—	philosophie
q	[k]	—	coq
qu	[k]	—	qui
r	[r]	—	rare
s	[s]	—	si
	[z]	在两个元音字母之间	rose
t	[t]	—	table
u, û	[y] [ɥ]	—	une
um	[ɛ̃]	*	humble
un	[ɛ̃]	*	lundi
v	[v]	—	vivre
w	[v]	—	wagon
	[w]	个别外来词中	tramway
x	[ks]	后不接元音	texte
	[gz]	后接元音	exemple
y	[i][j]	—	physique
ym, yn	[ɛ̃]	*	sympathique
z	[z]	—	zéro

＊表示后面不能紧跟 m, n 或元音字母

第5课　第一组动词

除 aller 外，本书所有以 -er 结尾的动词都是第一组动词，它们的变位是规则的，如：

chanter的现在时

Je chante	Nous chantons
Tu chantes	Vous chantez
Il chante	Ils chantent

规则就是：去掉词尾-er，分别加上-e，-es，-e，-ons，-ez，-ent。注意，-ent作为动词第三人称复数的词尾不发音，如chantent的读音为[ʃɑ̃t]。

在与英语义同形异的1453个法语词汇里，除237个常用动词的常用变位外，共有1216个基本词汇，其中动词327个，属于第一组的有231个。

翻译句子

1. La politique est le premier des arts et le dernier des métiers.

—Voltaire

2. N'assure rien avec serment, pas même la vérité.

—Ménandre

3. Deux tragédies de la vie: on sous-estime souvent ses capacités, et on

surestime souvent sa persévérance.

4. L'homme est fait pour attendre, et la femme pour être inattendue.

—Gérard de Rohan-Chabot

5. Comme la réunion est monotone, j'attends le bon moment pour filer à l'anglaise.

6. Apprendre sans réfléchir est vain. Réfléchir sans apprendre est dangereux.

—Confucius

7. Je suis navré de vous apprendre que votre grand-père n'a pas survécu à l'opération.

8. L'homme n'a pas de port, le temps n'a pas de rive; Il coule, et nous passons.

—Maurice Maeterlinck

9. L'enfer, c'est les autres.

—J. P. Sartre

10. L'enfer c'est de s'apercevoir qu'on n'existe pas et de ne pas y consentir.

—Simone Weil

11. Le bonheur est une sensation agréable que nous éprouvons au spectacle du malheur d'autrui.

—Ambrose Bierce

12. Le feu éprouve l'or et l'or éprouve l'homme.

—Chilon

13. Je ne sais pas compter, ni faire les quatre opérations en français.

14. Mon compte, lorsque je compte, ressemble à un conte.

15. Les Gaulois comptaient par 20 parce qu'ils utilisaient les doigts et les orteils.

16. Soyez[5] les bienvenus (*welcome*) en France. Enchanté de faire votre connaissance.

17. Le 27 janvier 1964, Mao et le général de Gaulle décidaient en pleine guerre froide d'établir des relations diplomatiques entre la Chine et la France.

18. Tu as réussi le HSK? Félicitations! Il y a un restaurant sympa près de chez moi, je t'invite à manger du jambon demain soir?

19. Le chapeau est utile quand la merde (*shit*) tombe du ciel.

20. Il porte une chemise brune et un pantalon bleu foncé.

21. Elle rentre dans sa chambre pour mettre sa robe rouge.

22. Au moins un tiers des jeunes sont esclaves de leur portable.

23. La femme est légère.

24. Les dépenses sont lourdes.

25. Plus haut monte le singe, plus il montre son cul (*bottom*).

—François Olivier

26. Je dis à ma femme que les maris c'est comme le vin. Plus ça devient vieux, et plus ça devient bon. Le lendemain elle m'enferma dans la cave.

27. Selon une enquête, 61% des femmes célibataires chinoises se déclarent satisfaites de leur statut relationnel, contre 49 % des hommes célibataires.

28. Les femmes vivent plus longtemps que[6] les hommes, surtout lorsqu'elles sont veuves. —Georges Clemenceau

29. Les relations amoureuses sont beaucoup plus faciles à nouer qu'à dénouer.

—Bertrand Gauthier

30. La totalité est plus que la somme des parties.

—Aristote

词汇表

341. dernier, ère *adj.* 最后的；上一次的【last】

342. métier *n.m.* 职业【job】

343. serment *n.m.* 誓言，宣誓【oath】

344. même *adj.* et *adv.* 相同的；本身；甚至【same; self; even】

345. sous *prép.* 在……下面【under】

346. attendre *v.t.* 等待【wait】

347. réunion *n.f.* 会议【meeting】

348. bon, ne *adj.* 好的【good】

349. anglais *n.* 英国人；*adj.* 英国（人）的；*n.m.* 英语【Engligsh】

350. apprendre *v.t.* （变位同prendre）学习（得知）；教授；告诉【learn; teach; tell】

351. navré, e *adj.* 伤心的，悲痛的【heartbroken】

352. rive *n.f.* 河堤【bank】

353. couler *v.i.* 流动【flow】

354. enfer *n.m.* [ɑ̃fɛr] 地狱，阴间【hell】

355. autre *adj.* 另外的，其他的【other】

356. apercevoir *v.t.* 瞥见【see, perceive】；(se) *v.pr.* 意识到【realize】

357. éprouver *v.t.* 感到；试验，考验【feel; test】

358. or *conj.* 然而【but】；*n.m.* 金，黄金【gold】

359. savoir *v.t.* 知道，会【know】

360. ni…ni *conj.* 既不……也不【neither…nor】

361. compte *n.m.* 账户，账号【account】

362. conte *n.m.* 故事 【tale】

363. doigt *n.m.* 手指 【finger】

364. orteil *n.m.* 脚趾 【toe】

365. enchanté, e *adj.* 高兴的 【glad】

366. connaître *v.t.* 知道，了解 【know】

367. janvier *n.m.* 一月 【January】

368. plein, e *adj.* 满的，充满的 【full】

369. guerre *n.f.* 战争 【war】

370. sympa *adj. inv.* 友好的，讨人喜欢的 【friendly】

371. près (de) *loc. prép.* 在……附近 【near】

372. demain *adv.* 明天 【tomorrow】

373. chapeau *n.m.* 帽子 【hat】

374. ciel *n.m.* 天空 【sky】

375. porter *v.t.* 提，承载，运送；穿 【carry; wear】

376. brun, e *adj.* 褐色的，棕色的 【brown】

377. chemise *n.f.* 衬衫 【shirt】

378. pantalon *n.m.* 长裤 【trousers】

379. bleu *adj.* 蓝色的 【blue】

380. foncé, e *adj.* （颜色）深的 【dark】

381. rentrer *v.i.* 回来，回家 【return】

382. mettre *v.t.* 放，置于；穿上 【put】

383. robe *n.f.* 连衣裙 【dress】

384. rouge *adj.* 红色的 【red】

385. moins *adv.* 更少，较少 【less】

386. tiers *n.m.* 三分之一 【third】

387. esclave *n.* 奴隶，奴才 【slave】

388. léger, ère *adj.* 轻的 【light】

389. dépenser *v.t.* 花（钱）【spend】

390. lourd, e *adj.* 沉重的，繁重的 【heavy】

391. montrer *v.t.* 出示，给……看 【show】

392. mari *n.m.* 丈夫 【husband】

393. vin *n.m.* 酒，葡萄酒 【wine】

394. vieux (vieil), vieille *adj.* 老的 【old】

395. lendemain *n.m.* 第二天 【next day】

396. fermer *v.t.* 关闭 【close】

397. cave *n.f.* 地窖，酒窖 【basement, cellar】

398. selon *prép.* 根据，按照 【according to】

399. enquête *n.f.* 调查 【investigation】

400. contre *prép.* 反对 【against】

401. surtout *adv.* 特别，尤其 【especially】

402. veuf, ve *n.* 鳏夫，寡妇 【widower, widow】

403. nouer *v.t.* 打结，系 【tie】

404. somme *n.f.* 金额；总数 【sum】

405. heureux, se *adj.* 幸福的，高兴的 【happy】

406. manteau *n.m.* 大衣 【coat】

407. aujourd'hui *adv.* 今天 【today】

408. écouter *v.t.* 听 【listen to】

409. épée *n.f.* 剑 【sword】

410. ambassade *n.f.* 大使馆【embassy】

411. aussi *adv.* 同样，也【also】

412. achever *v.t.* 完成【finish】

413. joli, e *adj.* 美丽的，漂亮的【pretty】

414. pire *adj.* 更坏的，更恶劣的【worse】

415. moindre *adv.* 最小，最少【least】

416. épier *v.t.* 窥视【spy】

417. mieux *adv.* 更好地，较好地【better】

418. autant (de) *adv.* 同样多【as much (as)】

* 你已记住了418+39=457个法语单词，还剩下996个，进度条为31%。

第6课 第二组动词

部分以 -ir 结尾的动词是第二组动词，变位是规则的，如：

franchir的现在时

Je franchis	Nous franchissons
Tu franchis	Vous franchissez
Il franchit	Ils franchissent

规则就是：去掉词尾-r，分别加上-s，-s，-t，-ssons，-ssez，-ssent。

我们已经学过的第二组动词有：réussir。

注意，不是所有以-ir结尾的动词都是第二组动词。在与英语义同形异的327个动词中，以-ir结尾的有53个，属于第二组的有21个，它们是：

réussir (*succeed*), agir (*act*), remplir (*fill*), choisir (*choose*), avertir (*warn*), bénir (*bless*), éblouir (*dazzle*), envahir (*invade*), épanouir (*flourish*), évanouir (*faint*), franchir (*cross; overcome*), gémir (*groan*), guérir (*cure*), jaillir (*spurt out*), jouir (*enjoy*), pourrir (*rot*), saisir (*seize*), subir (*undergo*), mûrir (*mature*), retentir (*resound*), trahir (*betray*)

其他以-ir结尾的32个动词属于第三组。

翻译句子

1. Les Chinois disent que la France est un pays très "浪漫"；ils ont raison, parce qu'en chinois, «lent» se dit "慢"。

2. Lundi, le cauchemar commence. Les employés ont souvent l'impression que le temps passe très lentement.

3. Lorsque je le vis pour la première fois, l'univers tout entier disparut pour moi. Beethoven me fit oublier le monde, et toi-même, ô Goethe...Cet homme est de bien loin en avance sur la civilisation moderne.

4. Vouloir du bien à une femme, est-ce en vouloir à son mari?

—Pierre Augustin Caron de Beaumarchais

5. Le professeur parle doucement pour respecter le sommeil des élèves.

6. Pour tenter de réveiller son auditoire, l'enseignant décide de passer aux exercices.

7. L'action est une lutte contre la peur.

8. Nul ne sait si la naissance n'est pas le commencement de la misère, et si la mort n'est pas le retour au pays natal.

9. Bien entendu, je participe aux frais d'essence.

10. Chaque nouveauté doit nous trouver toujours tout entiers disponibles.

—André Gide

11. Qui tient boutique doit parler à chacun.

12. Ami de chacun, ami d'aucun.

13. Désolé, j'ai d'autres chats[7] à fouetter.

14. En politique, il faut toujours laisser un os à ronger aux frondeurs.

—Joseph Joubert

15. Je voudrais mourir jeune le plus tard possible.

—Marcel Prévost

16. On conte une histoire touchante, le Belge éclate de rire pour faire croire qu'il a compris.

—Charles Baudelaire

17. Elle a sorti un cahier de son sac pour faire la dictée.
18. Pour mon compte en banque autant que pour moi, c'était épuisant de sortir avec elle.
19. Nous avons passé une heure à prendre le petit-déjeuner. Le plus dur c'était la fin du repas, surtout les cinquante-neuf dernières minutes.
20. C'était mon destin de posséder cette femme, et mon bonheur de la perdre.
21. Les gens utilisent les matelas sur leurs lits pour bien dormir.
22. Dormir, c'est du temps perdu. Dormir me fait peur. C'est une forme de mort.

—Edith Piaf

23. Le sage ne tire pas la queue du tigre, même lorsqu'il dort.

—Charles Pasqua

24. Pourriez-vous me faire les ongles après?
25. —Tu n'aimes pas habiter sur le campus?
    —Mais si[8]. En plus, le paysage y est très beau.
26. Dieu fait la campagne et l'homme fait la ville.

—William-Cowper Brann

27. Le prêtre éclipse Dieu.

—Victor Hugo

28. —Papa, j'ai trouvé une vieille photo à toi dans le tiroir de Maman. Comme tu étais beau à l'époque !
    —Ah, mon Dieu. Ce n'est pas moi, mon fils. Ta mère garde encore la photo de cet homme après tant d'années !
29. Pour une femme, se marier, c'était rompre avec elle-même; avoir un enfant, c'était rompre avec son mari.

30. Nous avons choisi, pour lui couper la tête, le seul roi qui n'en avait pas.

—Henri Jeanson

31. L'arbre de la liberté ne saurait croître s'il n'était arrosé du sang des rois.

—Bertrand Barère De Vieuzac

词汇表

419. pays *n.m.* [pei] 国家【country】
420. lent, e *adj.* 慢的【slow】
421. lundi *n.m.* 星期一【Monday】
422. cauchemar *n.m.* 噩梦，梦魇【nightmare】
423. commencer *v.t.* 开始【start】
424. entier, ère *adj.* 整个的，全部的【whole】
425. parler *v.i.* et *v.t.* 讲；说（某种语言）【talk; speak】
426. sommeil *n.m.* 睡意，困倦【sleep】
427. élève *n.* 学生【student】
428. tenter *v.i.* et *v.t.* 尝试【try to】
429. réveiller (se) *v.pr.* 醒来【wake up】
430. enseigner *v.t.* 教课，授课【teach】
431. lutte *n.f.* 斗争，搏斗，竞争【fight】
432. nul, le *adj.* 无用的；无能的【worthless; bad】；*pron. indéf.* 没有人【nobody】
433. frais, fraîche *adj.* 凉的，新鲜的【fresh】；*n.m.pl.* 费用，开支【costs】

434. essence *n.f.* 汽油【gasoline】

435. chaque *adj.* 每个【each】

436. nouveau, nouvelle *adj.* 新的【new】; nouvelle *n.f.* 新闻【news】

437. disponible *adj.* 可以被使用的【available】

438. tenir *v.t.* 拿着，握着【hold】; *v.i.* 坚持住【hold on】

439. boutique *n.f.* 店铺【store】

440. aucun, e *adj.* 没有一个【no】

441. désolé, e *adj.* 抱歉的【sorry】

442. fouetter *v.t.* 用鞭子抽【whip】

443. os *n.m.* [ɔs] 骨头【bone】

444. ronger *v.t.* 啃，腐蚀；折磨，使苦恼【gnaw】

445. mourir *v.i.* 死，死亡【die】

446. éclater *v.i.* 突然发出巨响，爆炸，爆发【burst】

447. croire *v.i.* et *v.t.* 想，以为；相信【think; believe】

448. comprendre *v.t.* 明白，理解；包括【understand; include】

449. sortir *v.i.* et *v.t.*（变位同partir）出去；把……取出【exit; take out】

450. cahier *n.m.* 本子【notebook】

451. sac *n.m.* 包，袋【bag】

452. épuiser *v.t.* 使穷尽【exhaust】

453. déjeuner *n.m.* 午饭【lunch】

454. dur, e *adj.* 坚硬的；困难的【hard】

455. fin *n.f.* 结尾【end】

456. repas *n.m.* 餐，饮食【meal】

457. perdre *v.t.* 丢失【lose】

458. gens *n.pl.* 人们【people】

459. matelas *n.m.* 床垫【mattress】

460. dormir *v.i.* 睡觉【sleep】

461. tirer *v.t.* 拉【draw】

462. queue *n.f.* 尾巴【tail】

463. ongle *n.m.* 指甲【nail】

464. habiter *v.i.* et *v.t.* 居住【live】

465. paysage *n.m.* [peizaʒ] 风景【landscape】

466. Dieu *n.m.* 上帝【God】

467. campagne *n.f.* 农村，乡下【countryside】

468. ville *n.f.* 城市【city】

469. prêtre *n.m.* 牧师，神父【priest】

470. mère *n.f.* 母亲【mother】

471. garder *v.t.* 看管；保持【guard; keep, retain】

472. encore *adv.* 还，尚【still】

473. tant (de) *adv.* 那么多的【so many, so much】

474. rompre *v.i.* （变位同attendre）中止，打断【break up】

475. choisir *v.t.* 选择【choose】

476. couper *v.t.* 切，切断，断绝【cut】

477. seul, e *adj.* 单独的，唯一的【alone; single】

478. roi *n.m.* 国王【king】

479. arbre *n.m.* 树【tree】

第 6 课　第二组动词

480. accroître *v.t.* 增长 【increase】
481. arroser *v.t.* 浇水 【water】
482. tricher *v.i.* 作弊 【cheat】

* 你已记住了482+42=524个法语单词，还剩下929个，进度条为36%。

第7课　第三组动词

　　第三组动词又叫作不规则动词，变位无规律，需特殊记忆。在与英语义同形异的 327 个动词中，第三组动词共 75 个，其中包含 40 套变位模式。第一课中出现的 être 和 avoir 是最重要的两个第三组动词，变位规则需熟记。其他 73 个不规则动词，非法语专业的读者在最初的时候能够达到"识别"的程度即可（大部分动词的变位形式和原形相差不远，识别并不困难）。除第一课的 être, avoir 和第二课的 aller, venir, faire, prendre 外，我们已经学过的不规则动词共 27 个，如下：

boire 的现在时

Je bois	Nous buvons
Tu bois	Vous buvez
Il boit	Ils boivent

mettre 的现在时

Je mets	Nous mettons
Tu mets	Vous mettez
Il met	Ils mettent

dire 的现在时

Je dis	Nous disons
Tu dis	Vous dites
Il dit	Ils disent

第 7 课　第三组动词

vouloir 的现在时

Je veux	Nous voulons
Tu veux	Vous voulez
Il veut	Ils veulent

devoir 的现在时

Je dois	Nous devons
Tu dois	Vous devez
Il doit	Ils doivent

croire 的现在时

Je crois	Nous croyons
Tu crois	Vous croyez
Il croit	Ils croient

attendre 的现在时

J'attends	Nous attendons
Tu attends	Vous attendez
Il attend	Ils attendent

entendre, perdre 变位同 attendre。

voir 的现在时

Je vois	Nous voyons
Tu vois	Vous voyez
Il voit	Ils voient

falloir 的现在时

Il faut

partir 的现在时

Je pars	Nous partons
Tu pars	Vous partez
Il part	Ils partent

dormir 变位同 partir。

haïr 的现在时

Je hais	Nous haïssons
Tu hais	Vous haïssez
Il hait	Ils haïssent

naître 的现在时

Je nais	Nous naissons
Tu nais	Vous naissez
Il naît	Ils naissent

rire 的现在时

Je ris	Nous rions
Tu ris	Vous riez
Il rit	Ils rient

plaire 的现在时

Je plais	Nous plaisons
Tu plais	Vous plaisez
Il plaît	Ils plaisent

connaître 的现在时

Je connais	Nous connaissons
Tu connais	Vous connaissez
Il connaît	Ils connaissent

accroître 变位同 connaître。

mourir的现在时

Je meurs	Nous mourons
Tu meurs	Vous mourez
Il meurt	Ils meurent

apercevoir的现在时

J'aperçois	Nous apercevons
Tu aperçois	Vous apercevez
Il aperçoit	Ils aperçoivent

vivre的现在时

Je vis	Nous vivons
Tu vis	Vous vivez
Il vit	Ils vivent

savoir的现在时

Je sais	Nous savons
Tu sais	Vous savez
Il sait	Ils savent

另外，apprendre，comprendre 变位同prendre；tenir，devenir变位同venir。

翻译句子

1. Elle vit mûrir les fruits du jardin, elle vit fondre la neige sur les hautes montagnes (*mountain*), mais elle ne vit pas le prince; et elle retournait (*returned*) toujours plus triste au fond de la mer.

—Hans Christian Andersen

2. À force de creuser et de fouiller ses poches, Marius finit par réunir cinq francs et seize sous.

3. Ma chambre fait 14 mètres carrés environ, avec tous les meubles qu'il faut.

4. Où est le magasin? J'ai besoin de deux bols, d'une brosse à dents, d'un peigne, d'une culotte et d'un carnet.

5. Manger est un besoin de l'estomac; boire est un besoin de l'âme.

—Claude Tillier

6. Il a arraché le sac de cette fille à l'aube.

7. Les ailes de poulet au coca que tu es en train de faire cuire sont dégoûtantes.

8. — Monsieur, le mot «马上», qu'est-ce que cela veut dire en chinois? Ça veut dire «sur le cheval»?

— Non, cela veut dire «immédiatement». Comme en français, on dit «être en train de faire», mais il n'est pas du tout question de train.

9. Ce cambrioleur est en train de forcer la porte.

10. L'école est la vraie concurrence du temple.

— Ernest Renan

11. Il faut battre le fer pendant qu'il est chaud.

12. Pendant ce temps, et de toutes les banlieues environnantes, le printemps arrivait sur les marchés.

— Albert Camus

13. J'avance dans l'hiver à force de printemps.

— Charles Joseph de Ligne

14. Paul, mon petit ami? Il est mort. On en discutera pendant la fête de QM.

15. Le téléphone sonne, Paul sort nu de la salle de bain et décroche le téléphone: «Allô, c'est Paul.» «Ah…dit l'autre après un bref silence, excusez-moi, je me suis trompé de numéro.»

16. Il semblait que ce n'était pas encore le fantôme et que ce n'était déjà plus l'homme.

17. La vie est une aventure dont[9] on ne sort pas vivant.

18. Tout ce qui[10] brille n'est pas d'or.

19. Le comptable accuse cet employé d'avoir édité de fausses factures.

20. Ce couple s'efforce d'empêcher leurs vieux parents de virer de l'argent sur le compte de l'escroc.

21. J'ai donné ma démission avant d'être viré.

22. Les conséquences de la colère sont beaucoup plus graves que ses causes.

— Marc Aurèle

23. Par la porte, on est passés derrière vous.

24. Tu ne soupçonnes pas à quel point !

25. Une joie partagée est une double joie, un chagrin partagé est un demi-chagrin.

— Jacques Deval

26. Le maire fait installer des bancs près des guichets.

27. Tu n'es pas née avec une cuillère en argent dans la bouche.

28. Si vous avez besoin de quelque chose, appelez-moi. Je vous dirai comment vous en passer.

— Coluche

29. Combien de thèses ne sont abstraites que pour paraître profondes.

30. Les hommes politiques parlent pour ne rien dire, tandis que les sages ne disent rien pour mieux parler.

— Axel Oxenstierna

31. Quand on n'a pas le droit, on prend le gauche.

词汇表

483. mûrir *v.t.* 成熟【mature】
484. jardin *n.m.* 花园【garden】
485. fondre *v.t.*（变位同attendre）溶解，熔化，融化【melt】
486. triste *adj.* 悲伤的，忧愁的【sad】
487. fond *n.m.* 底部；背景【bottom; background】
488. fouiller *v.t.* 翻找，搜索【search】
489. poche *n.f.* 口袋【pocket】
490. carré, e *adj.* 平方【square】
491. environ *prép.* 大约，左右【about】
492. meuble *n.m.* 家具【furniture】
493. besoin *n.m.* 需要【need】
494. bol *n.m.* 碗【bowl】
495. brosse *n.f.* 刷子【brush】
496. dent *n.f.* 牙齿【tooth】
497. peigner (se) *v.pr.* 梳头【comb】
498. culotte *n.f.* 短裤，裤子【knickers, pants】
499. carnet *n.m.* 记事本【notebook】
500. estomac *n.m.* [ɛstɔma] 胃【stomach】
501. arracher *v.t.* 抢走【snatch】
502. aube *n.f.* 拂晓，黎明【dawn】

503. cuire *v.t.* 烧，煮 【cook】

504. monsieur *n.m.* [məsjø] 先生 【Mr.】

505. cela *pron. dém.* 这个 【≈it】

506. cheval *n.m.* 马 【horse】

507. cambriolage *n.m.* 入室盗窃 【burglary】

508. école *n.f.* 学校 【school】

509. concurrence *n.f.* 竞争 【competition】

510. battre *v.t.*（变位同attendre）打 【beat】

511. fer *n.m.* 铁 【iron】

512. pendant *prép.* 在……期间 【during】

513. banlieue *n.f.* 郊区 【suburb】

514. printemps *n.m.* 春天 【spring】

515. hiver *n.m.* [ivɛr] 冬天 【winter】

516. fête *n.f.* 节日；欢宴 【holiday; party】

517. nu, e *adj.* 赤裸的 【naked】

518. décrocher *v.t.* 从钩上取下；拿起（电话听筒）；拿下（引申义：奖项、工程等）【unhook; take the phone off the hook; get】

519. allô *interj.* 喂（电话用语）【hello】

520. tromper *v.t.* 欺骗【fool】；(se) *v. pr.* 搞错 【make a mistake】

521. numéro *n.m.* 号码 【number】

522. sembler *v.i.* 好像，看来 【seem】

523. déjà *adv.* 已经 【already】

524. dont *pron. rel.* （关系代词）【无对应英文】

525. briller *v.i.* 发光；出众【shine】

526. faux, sse *adj.* 错误的【false】

527. facture *n.f.* 发票，票据，凭证【receipt or bill for purchasing sth.】

528. empêcher *v.t.* 挡住，妨碍【prevent】

529. virer *v.t.* 转账；解雇【transfer; fire】

530. argent *n.m.* 钱【money】

531. escroc *n.m.* [ɛskro] 骗子【crook】

532. donner *v.t.* 给【give】

533. démission *n.f.* 辞职【resignation】

534. colère *n.f.* 生气【anger】

535. grave *adj.* 严重的【serious】

536. derrière *prép.* 在……后边（表示空间）【behind】

537. soupçonner *v.t.* 怀疑，猜想【suspect】

538. partager *v.t.* 分割；分享【divide; share】

539. chagrin *n.m.* 忧愁【grief】

540. demi, e *adj.* 一半的【half】

541. maire *n.m.* 市长【mayor】

542. banc *n.m.* [bɑ̃] 长凳【bench】

543. guichet *n.m.* 营业窗口【ticket window】

544. cuillère *n.f.* 匙，勺【spoon】

545. bouche *n.f.* 嘴【mouth】

546. appeler *v.t.* 叫；打电话【call】

547. paraître *v.i.*（变位同connaître）似乎；出现【seem; appear】

第7课　第三组动词

548. tandis que *loc. conj.* 而【while】
549. droit *n.m.* 权利【right】；*adj.* 直的；右边【straight; right】
550. gauche *adj.* et *n.f.* 左边【left】；*adj.* 笨拙的【clumsy】
551. endroit *n.m.* 地方，场所【place】

动词变位

cuire的现在时

Je cuis	Nous cuisons
Tu cuis	Vous cuisez
Il cuit	Ils cuisent

* 你已记住了551+101=652个法语单词，还剩下801个，进度条为45%。

第8课　代词提前（I）

法语中有三种代词需放在动词前：直接宾语人称代词、间接宾语人称代词和副代词。

及物动词的直接宾语如果是名词，则放在动词后；如果是代词，则要放在动词前。

直接宾语人称代词

我 me	我们 nous
你 te	你们 vous
他 / 它 le	他们 / 它们 les
她 / 它 la	她们 / 它们 les

例如：

Je regarde cet oiseau.（我看着这只鸟。）

如果把cet oiseau变成代词，则是：

Je le regarde.（我看着它。）

同理：

Je la regarde.（我看着她/它。）

Vous me regardez.（您/你们看着我。）

Ils vous regardent.（他/它们看着您/你们。）

Vous nous regardez.（您/你们看着我们。）

Nous les regardons.（我们看着他/她/它们。）

第 8 课　代词提前（I）

注意：

1. me，te，le，la 在以元音字母或哑音 h 开头的动词前要省音成 m'，t'，l'。例如：

Je t'aime.（我爱你。）

2. 在否定句中，ne...pas 要夹住代词和动词。[①]例如：

Je ne t'aime pas.（我不爱你。）

翻译句子

1. Je te souhaite une bonne soirée, et tu me souhaites une bonne insomnie? Quelle méchanceté !

2. Si tu as un coup de foudre devant ses qualités, alors sors avec lui; si tu es sûre d'avoir connu ses défauts les plus graves, et que tu te crois capable de les accepter, alors épouse-le.

3. En juin, ils se rencontrent à la bibliothèque. En juillet, ils tombent amoureux l'un de l'autre. En août, ils se disputent. La guerre froide dure six mois. Le 14 février de l'année suivante, elle lui envoie un message: «Je t'aime encore. Et toi?» Le 1ᵉ avril, elle reçoit son dernier message: «Non.»

4. Le 2 avril, elle passe me voir et me dit qu'elle vient de[11] se faire plaquer (*dumped*), qu'elle souffre beaucoup, qu'elle va se mettre (*begin*) à chercher un nouveau copain, etc. Le 7, elle repasse chez moi, accompagnée de son nouveau petit-ami. Le 13, elle me demande de lui chercher un appartement à louer. Elle me dit qu'ils vont se marier début mai, et elle ajoute: «La prochaine fois qu'on te parlera[12] d'un emploi qui

---

[①] 这个规则适用于所有需要提到动词前的代词，包括间接宾语代词和副代词（详见第 9 课和第 10 课）。

pourra me convenir, fais-le-moi savoir, parce que j'aurai besoin d'argent pour acheter du lait en poudre.»

5. Cette histoire semble incroyable, et cependant, elle est vraie.

6. En un sens, le cours de français langue étrangère ressemble à une agence matrimoniale. De ce que j'en vois, les jeunes se font de l'œil malgré les sièges qui les séparent pendant les leçons de phonétique, assis côte à côte quand je parle des verbes, collés les uns aux autres pendant les cours sur les pronoms, et ils disparaissent à jamais lorsque le subjonctif arrive.

7. Dieu est méchant: il a donné la nourriture aux riches et l'appétit aux pauvres.

8. Je ne suis pas gastronome. Je suis une simple gourmande. Mon ventre est un abîme qui me permet d'avaler de tout.

9. Bonne cuisine et bon vin, c'est le paradis sur terre.

— Henri IV

10. Les échecs, c'est une douche froide pour l'esprit.

— Andrew Bonar Law

11. Il y a un lit au bout de la route, reste réveillée.

— Félix Leclerc

12. Il n'y a qu'un seul instant où tu es en vie, cette minute, ici et maintenant.

13. «Papa, Maman n'est pas du genre à avouer ses torts, ne lui en veux pas.» «Mon enfant, à qui le dis-tu? Ça fait vingt ans que j'habite avec elle et c'est toujours moi qui suis le premier à faire des concessions, et qui lui offre tout avant de lui demander si ça suffit.»

14. La relation entre deux personnes est souvent paradoxale: au début, on tend à se prodiguer des conseils sincères, mais une fois qu'on se connaît mieux, on commence à se chercher noise. Par conséquent, il nous arrive

d'ouvrir notre cœur à des inconnus, mais de déverser notre bile sur nos proches, de sorte que la pensée d'une première rencontre qui puisse durer toute la vie nous émeut (*move*) profondément.

15. «Vu le faible niveau d'effort de la plupart des gens, il n'est pas question de mettre en avant le génie.» Je ne suis pas tout à fait d'accord avec cette phrase très à la mode, parce qu'on peut tout aussi bien dire: «Vu l'absence de génie de la plupart des gens, ils n'ont pas d'autres choix que de mettre en avant leur assiduité.»

16. Je franchirai monts et mers pour te jouer du piano et t'aider à faire la vaisselle.

17. La chute de la canne donna[13] à M. Ximen l'occasion d'approcher de Madame Pan.

18. C'est un vrai festin: foie gras, coquille Saint-Jacques, côtes de bœuf… M. Ximen laisse tomber ses baguettes et, sur le conseil de Mme Wang, se penche sous la table pour essayer de toucher les pieds de Mme Pan.

词汇表

552. souhaiter *v.t.* 祝愿，希望【wish】
553. méchant, e *adj.* 坏的；凶恶的【wicked】
554. foudre *n.f.* 雷电【lightning】
555. devant *prép.* 在……前面（表示空间）【in front of】
556. alors *adv.* 当时；那么【then; so】
557. défaut *n.m.* 缺少；缺点【lack; flaw】

558. épouser *v.t.* 嫁，娶【marry】

559. juin *n.m.* 六月【June】

560. rencontrer *v.t.* 遇见【encounter】

561. juillet *n.m.* 七月【July】

562. août *n.m.* [ut] 八月【August】

563. durer *v.i.* 持续【last】

564. février *n.m.* 二月【February】

565. envoyer *v.t.* 寄出；派遣【send】

566. avril *n.m.* 四月【April】

567. chercher *v.t.* 寻找【look for】

568. louer *v.t.* 租【rent】

569. début *n.m.* 开始，开端【beginning】

570. ajouter *v.t.* 加上，补充【add】

571. prochain, e *adj.* 下一个，即将到来的【next】

572. convenir (à) *v.t.indir.*（变位同venir）适合【suit】

573. poudre *n.f.* 粉末【powder】

574. cependant *conj.* 然而【however】

575. sens *n.m.* [sɑ̃s] 意思；方向【meaning; direction】

576. étranger, ère *adj.* 外国的【foreign】

577. œil *n.m.* (yeux *pl.*) 眼睛【eye】

578. malgré *prép.* 虽然，不管【despite】

579. siège *n.m.* 座位；所在地【seat】

580. asseoir (s') *v.pr.* 坐下【sit down】

581. côte *n.f.* 肋骨；海岸【rib; coast】

582. coller *v.t.* 贴，粘【paste】

583. pauvre *adj.* 贫穷的；可怜的【poor】

584. ventre *n.m.* 肚子【belly】

585. abîme *n.m.* 深渊【abyss】

586. terre *n.f.* 地，地球【earth】

587. douche *n.f.* 淋浴【shower】

588. esprit *n.m.* 精神【spirit】

589. bout *n.m.* 末端，尽头【end】

590. maintenant *adv.* 现在，目前【now】

591. genre *n.m.* 种类【kind】

592. avouer *v.t.* 承认；招认【admit; confess】

593. tort *n.m.* 错误【wrong】

594. conseiller *v.t.* 建议【advise】

595. noise *n.f.* 口角，争吵【quarrel】

596. ouvrir *v.t.* 打开【open】

597. cœur *n.m.* 心脏【heart】

598. déverser *v.t.* 灌，倾倒【pour out】

599. faible *adj.* 软弱的，虚弱的【weak】

600. niveau *n.m.* 水平，等级【level】

601. plupart *n.f.* 大部分【most】

602. d'accord *loc. adv.* 同意；好的【agree; okay】

603. pouvoir *v.t.* 能够【can】；*n.m.* 权力【power】

604. franchir *v.t.* 越过；战胜【cross; overcome】

605. jouer *v.i.* et *v.t.* 玩耍，游戏；扮演【play】

606. aider *v.t.* 帮助 【help】
607. vaisselle *n.f.* 碗碟 【dishes】
608. chute *n.f.* 跌落，降落 【fall】
609. foie *n.m.* 肝（脏）【liver】
610. gras, se *adj.* 肥的 【fat】
611. coquille *n.f.* 贝壳 【shell】
612. pencher *v.i.* 倾斜 【lean】；(se) *v.pr.* 俯身 【bend over】
613. essayer *v.t.* 尝试 【try】
614. éteindre *v.t.* 熄灭；关掉（电器）【extinguish; turn off】
615. onde *n.f.* 波 【wave】
616. horaire *n.m.* 时间表，时刻表 【schedule】
617. meilleur, e *adj.* 更好的 【better】
618. marrant, e *adj.* 滑稽的，有趣的 【funny】

动词变位

ouvrir的现在时

J'ouvre	Nous ouvrons
Tu ouvres	Vous ouvrez
Il ouvre	Ils ouvrent

asseoir的现在时

J'assieds	Nous asseyons
Tu assieds	Vous asseyez
Il assied	Ils asseyent

第 8 课　代词提前（I）

pouvoir的现在时

Je peux	Nous pouvons
Tu peux	Vous pouvez
Il peut	Ils peuvent

éteindre的现在时

J'éteins	Nous éteignons
Tu éteins	Vous éteignez
Il éteint	Ils éteignent

* 你已记住了618+137=755个法语单词，还剩下698个，进度条为52%。

第9课 代词提前（Ⅱ）

间接宾语人称代词代替由介词 à 引出的及物动词的间接宾语。

间接宾语人称代词

我 me	我们 nous
你 te	你们 vous
他 / 她 / 它 lui	他 / 她 / 它们 leur

例如：

Le distributeur livre la commande à son client.

经销商给客户发货。

Le distributeur lui livre la commande.

经销商给他发货。

同理：

Il refuse de livrer les camarades aux ennemis.

他拒绝把自己的同志出卖给敌人。

Il refuse de leur livrer les camarades.

他拒绝把自己的同志出卖给他们。

Le patron promet de nous livrer quelques marque-pages comme cadeaux.

老板承诺发给我们几个书签作为礼品。

L'entrepreneur tarde à me livrer les marchandises, parce qu'il craint que je ne paie pas après.

厂商迟迟不给我发货，因为他怕我事后不给钱。

翻译句子

1. Un garçon borgne rencontre une fille qui a perdu une jambe dans un accident de voiture.

    —— Comment vas-tu? dit le garçon.

    —— Comme tu vois. répond la fille, fâchée.

2. Les Français parlent vite et agissent lentement.

3. La liberté est précieuse, mais l'amour nous est encore plus cher.

    S'il s'agit de vivre ou de mourir, on peut abandonner les deux.

4. Ôtez la crainte de l'enfer à un chrétien, et vous lui ôterez sa croyance.

    —— Denis Diderot

5. Avec des si, on mettrait Paris dans une bouteille.

6. Malgré l'embouteillage, il a réussi à arriver avant le décollage de son avion.

7. La lutte elle-même vers les sommets suffit à remplir un cœur d'homme. Il faut imaginer Sisyphe heureux.

    —— Albert Camus

8. Je n'ai rien à déclarer, à part mon génie. (répondant à la question de l'agent des services de douane à son arrivée à l'aéroport en Amérique)

    —— Oscar Wilde

9. Un oignon (*onion*) suffit à faire pleurer les gens, mais on n'a pas encore inventé le légume qui les ferait rire.

    —— Will Rogers

10. —— Tu prends des côtelettes d'agneau?

   —— Volontiers.

11. Il est inhumain de bénir qui nous maudit.

   —— Friedrich Nietzsche

12. Ce n'est pas parole d'*évangile*.

   —— Proverbe français

13. Le voyage c'est aller de soi à soi en passant[14] par les autres.

14. Pour une fois, il ne sentait pas mauvais: il avait mangé de l'ail.

   —— Aurélien Scholl

15. Prête l'oreille à tous, mais réserve tes paroles au petit nombre (*number*).

   —— William Shakespeare

16. Oreille ouverte, bouche cousue.

17. Au sourd, l'œil sert d'oreille.

18. A quoi bon stériliser l'aiguille qui sert à l'euthanasie?

19. Ébloui par la beauté céleste de cette statue de jade, il ne peut s'empêcher de tomber à genoux et s'exclame: «Céleste créature!»

20. Hitler a eu envie d'envahir la Pologne.

21. Les femmes aiment essayer leurs vêtements au magasin, mais préfèrent les acheter en ligne.

22. Il ne faut pas déshabiller Saint Pierre pour habiller Saint Paul.

23. Avec la remontée de la température, les fleurs s'épanouissent graduellement.

24. Pendant son séjour à la campagne, Camille s'épanouit pleinement.

25. De nouveau, le prince jeta un coup d'œil sur le pied chaussé, vit que le sang coulait, coulait si fort de la chaussure que le bas blanc en était tout

rougi.

— Cendrillon

26. Quand le roi soupire, tout le royaume gémit.

— William Shakespeare

27. Tes oreilles ont dû siffler.

28. Pour perdre une moisson il ne faut qu'une nuit.

— Charles Beys

29. Un ver vert se dirige vers un verre vert.

30. Je suis Charlie.

31. L'Allemagne a poursuivi sa conquête cupide de l'Alsace.

32. En voyant Pierre guérir un lépreux (*leper*), les témoins sont frappés de stupeur, les yeux prêts à jaillir de leurs orbites.

33. Derrière les portes vermillon, viande et vin pourrissent; sur la route, les cadavres gelés raidissent.

— Du Fu

34. On ne fait pas la guerre pour se débarrasser de la guerre.

— Jean Jaurès

35. Mangez sur l'herbe. Dépêchez-vous. Un jour ou l'autre, l'herbe mangera sur vous.

— Jacques Prévert

36. C'est où le personnage va parler, que l'auteur doit cesser d'écrire.

— Jean-Baptiste Louvet de Couvray

37. À Chaque sommet on est toujours au bord d'un précipice.

— Stanislaw Jerzy Lec

38. Nous faisons d'abord nos habitudes, ensuite elles nous font.

— Shantideva

39. C'est l'incertitude qui nous charme. Tout devient merveilleux dans la brume.

— Oscar Wilde

40. Toutes les femmes sont des saintes, notamment celles[15] qui sont enceintes.

— Germain Nouveau

41. Je dors comme un caillou, je mange comme un ogre et je bois comme une éponge.

— Gustave Flaubert

词汇表

619. livrer *v.t.* 交付，交货 【deliver】
620. commande *n.f.* 订货 【order】
621. cadeau *n.m.* 礼物 【gift】
622. craindre *v.t.* （变位同éteindre）害怕，敬畏 【fear】
623. garçon *n.m.* 男孩 【boy】
624. borgne *adj.* 独眼的 【one-eyed】
625. voiture *n.f.* 汽车，轿车 【car】
626. fâché, e *adj.* 生气的，愤怒的 【angry】
627. agir *v.i.* (*conj.* 2) 做 【act】；(s') *v.pr.* 涉及 【be a question of】
628. cher, ère *adj.* 亲爱的；昂贵的 【dear; expensive】
629. ôter *v.t.* 拿走；脱下 【take away; take off】

630. bouteille *n.f.* 瓶子【bottle】

631. avion *n.m.* 飞机【plane】

632. remplir *v.t.* 填满【fill】

633. douane *n.f.* 海关【customs】

634. pleurer *v.i.* 哭【cry】

635. légume *n.m.* 蔬菜【vegetable】

636. agneau *n.m.* 羊羔【lamb】

637. volontiers *adv.* 乐意地【willingly】

638. bénir *v.t.* 祝福【bless】

639. évangile *n.m.* 〈宗〉福音【gospel】

640. soi *pron.* on的重读代词形式；自己，自身，本人【self】

641. sentir *v.t.*（变位同partir）感觉到，闻到【feel; smell】

642. ail *n.m.* [aj] 大蒜【garlic】

643. prêter *v.t.* 借出【lend】

644. oreille *n.f.* 耳朵【ear】

645. cousu, e *adj.* 缝合的【sewn】

646. sourd, e *adj.* 聋的【deaf】

647. aigu, ë *adj.* 尖的【sharp】

648. éblouir *v.t.* 耀眼，使眼花【dazzle】

649. genou *n.m.* 膝盖【knee】

650. envie *n.f.* 愿望，欲望【wish, desire】

651. envahir *v.t.* 入侵；蔓延【invade; overrun】

652. vêtement *n.m.* 衣服【clothing】

653. habiller *v.t.* 给（某人）穿衣服【dress】

654. épanouir (s') *v.pr.* （花）开放；心花怒放 【bloom】

655. séjour *n.m.* 停留 【stay】

656. jeter *v.t.* 扔，投，掷 【throw】

657. chausser *v.t.* 穿（鞋子）【put on (shoes and so on)】

658. soupirer *v.i.* 叹气 【sigh】

659. gémir *v.t.* 呻吟，悲叹 【groan】

660. siffler *v.i.* et *v.t.* 吹口哨，鸣笛 【whistle】

661. moisson *n.f.* 收获 【harvest】

662. ver *n.m.* 虫子 【worm】

663. vert, e *adj.* 绿色的 【green】

664. diriger (se) (vers) *v.pr.* 走向，驶向 【head (to)】

665. verre *n.m.* 玻璃；玻璃杯 【glass】

666. suivre *v.t.* 跟随 【follow】

667. allemand, e *n.* 德国人；*adj.* 德国（人）的；*n.m.* 德语 【German】

668. cupide *adj.* 贪婪的 【greedy】

669. guérir *v.t.* 使痊愈 【cure】

670. témoin *n.m.* 证人 【witness】

671. frapper *v.i.* et *v.t.* 打击，敲打 【hit】

672. prêt, e *adj.* 准备好的 【ready】

673. jaillir *v.i.* 喷出，射出 【spurt out】

674. viande *n.f.* 肉 【meat】

675. pourrir *v.i.* 腐烂 【rot】

676. geler *v.i.* et *v.t.* 使结冰；冻僵 【freeze】

第 9 课　代词提前（II）

677. raide *adj.* 僵硬的，僵直的 【stiff】
678. débarrasser (se) *v.pr.* 清除；摆脱 【get rid of】
679. herbe *n.f.* 草 【grass】
680. dépêcher (se) *v.pr.* 赶紧 【hurry up】
681. écrire *v.t.* 写 【write】
682. bord *n.m.* 边缘 【edge】
683. brume *n.f.* 薄雾 【mist】
684. notamment *adv.* 特别是，尤其 【especially】
685. celui (celle, ceux, celles) *pron. dém.* 这个，那个（这些，那些）【无对应英文】
686. caillou *n.m.* 石头 【pebble】
687. éponge *n.f.* 海绵 【sponge】
688. cerf *n.m.* [sɛr] 鹿 【deer】
689. dresser *v.t.* 竖起 【set up】
690. fusil *n.m.* 枪 【gun】
691. sœur *n.f.* 姐妹 【sister】
692. jumeau (jumelle) *n.* 孪生儿 【twin】
693. hache *n.f.* 斧头 【axe】
694. humeur *n.f.* 情绪 【mood】

动词变位

écrire的现在时

J'écris	Nous écrivons
Tu écris	Vous écrivez
Il écrit	Ils écrivent

suivre的现在时

Je suis	Nous suivons
Tu suis	Vous suivez
Il suit	Ils suivent

* 你已记住了694+143=837个法语单词,还剩下616个,进度条为58%。

第10课　代词提前（Ⅲ）

1. 副代词 y

    1) 代替介词 à 后面的句子成分，如：

        a) — Tu veux assister à ce concert?

            — Oui, je veux y assister.

            "你要听这场音乐会吗？"

            "是的，我要去听。"

        b) — Le nouveau stagiaire participe à la réunion?

            — Non, il n'y participe pas.

            "新来的实习生参加会议吗？"

            "不，他不参加。"

        c) — Tu penses souvent au ruisseau de notre village?

            — Oui, j'y pense souvent.

            "你常想起我们村里的小溪吗？"

            "是的，我常想起它。"

    2) 代替由介词引出的地点状语，如：

        a) — Tu vas chez ton neveu?

            — Oui, j'y vais.

            "你要去你侄子家吗？"

            "是的，我要去。"

b) — Il habite dans le 13ᵉ arrondissement?

— Oui, il y habite.

"他是住在13区吗？"

"是的，他就住在那儿。"

c) — Le canard est mort de froid dans notre usine?

— Oui, il y est mort de froid.

"那只鸭子是在我们的工厂里冻死的吗？"

"没错，就是在那儿冻死的。"

d) — Le commissariat est au troisième carrefour?

— Oui, vous y trouverez le bâtiment.

"警察局是在第三个路口吗？"

"对，你到了那儿就能找到警察局大楼。"

e) — Vous êtes sûr que les otages sont actuellement en Allemagne?

— Oui, et ils y sont en sécurité pour le moment.

"您确定人质目前在德国吗？"

"确定，而且他们目前在那里很安全。"

f) — Le patron ruiné mendie sur le trottoir?

— Oui, il y mendie depuis trois jours déjà.

"那个破产的老板是在人行道上乞讨吗？"

"是的，他都在那里乞讨了三天了。"

g) — Les hirondelles font leur nid sous le toit.

— Oui, elles y font leur nid.

"燕子是在屋檐下筑巢吗？"

"是的，它们就在那里筑巢。"

2. 副代词en

1) 代替介词de后面的句子成分，如：

a) — Les clients sont-ils satisfaits de ce nouveau logiciel?

— Oui, ils en sont très satisfaits.

"客户们对新款软件满意吗？"

"是的，他们很满意。"

b) — Le cuisinier a-t-il parlé de sa recette?

— Non, il n'en a pas parlé.

"厨师有没有提到他的烹饪方法？"

"没有，他没提到。"

c) — A quelle heure la grenouille est-elle sortie du pupitre?

— Elle en est sortie à midi. Du coup, le prof était fou de rage tout l'après-midi.

"青蛙是几点钟从课桌里跑出来的？"

"它中午跑出来的。老师整个下午都被这件事气疯了。"

d) — Y a-t-il beaucoup de serpents dans le puits?

— Oui, il y en a beaucoup.

"井里有很多蛇吗？"

"是的，有很多。"

e) Quand on parle du loup, on en voit la queue.

说曹操，曹操就到。

2) 代替直接宾语（前面是不定冠词或部分冠词），如：

a) — Vous allez manger des huîtres?

— Oui, je vais en manger.

"您要吃一些牡蛎吗？"

"是的，我要吃。"

b) — Le mari de mon ancienne petite-amie a-t-il des cheveux?

— Non, il n'en a pas. Il est chauve.

"我前女友的老公有头发吗？"

"不，他没有。他是个秃子。"

c) — Le nouveau locataire veut acheter un clavier?

— Non, il n'en achète pas.

"新房客要买一个键盘吗？"

"不，他不买。"

3) 代替数字后面的名词，如：

a) — Combien de chauve-souris y a-t-il dans le chaudron de la sorcière?

— Il y en a six.

"巫婆的锅里装了几只蝙蝠？"

"有六只。"

b) — Combien de reins as-tu?

— J'avais deux reins, mais le chirurgien m'en a amputée un il y a[①] une semaine.

"你有几个肾？"

"本来有两个，但一周前医生给我割掉了一个。"

翻译句子

1. Prenons le mal pour éviter le pire.

---

① il y a 意思是 "（多久）以前"（ ...ago ）。

第 10 课　代词提前（III）

2. N'est-il pas juste de rendre mal pour mal à un ennemi?

—Eschyle

3. Est-il grand ou petit ? gros ou mince?

4. Nous sommes tous dans les égouts, mais certains d'entre nous regardent les étoiles.

— Oscar Wilde

5. Le crapaud se cache dans les égouts pour ne pas tomber amoureux du cygne.

6. — Comment faire pour embrasser une girafe?

— Avec une échelle.

7. Si ma chaussure est étroite, que m'importe que le monde soit vaste?

— Jules Renard

8. La femme de ménage, après avoir nettoyé tout l'immeuble, pleure à voix (*voice*) basse. Derrière elle, son fils dort à poings fermés. On ne sait pas combien de fois elle a pleuré en cachette.

9. Il faut passer la nuit dans le train. La mère reste debout aux côtés de son enfant endormi pendant onze heures pour lui ménager un havre de paix.

10. La mère: Comment feras-tu si un jour maman devient aveugle?

Le fils: J'irai te faire soigner dans le meilleur hôpital du monde.

La mère: Mon fils, tu es fort gentil.

Le fils: Et toi, comment feras-tu si un jour je n'ai plus mes yeux?

La mère: Je te donnerai les miens[16].

11. Arrête de crier et de pleurer pour me retenir. Papa doit aller travailler. Soit je prends le bus et je ne pourrai plus te tenir dans mes bras, soit j'en descends et je ne pourrai plus te nourrir. A ce soir.

12. Papa, te voilà rentré. Est-ce que tu sais que je t'ai attendu toute la journée?

13. Ma fille, je n'ai pleuré que deux fois de toute ma vie. Le jour où tu es née, et le jour où je t'ai mariée.

14. A la cérémonie de mariage, maman a également fondu en larmes. Elle a dit: «Il fera sûrement froid cet hiver. Car ma veste ouatée (*cotton wadded*) sera bientôt emportée par quelqu'un d'autre[17].»

15. Comme les moyens de transport d'aujourd'hui sont très commodes, j'ai toujours cru que je pourrais rentrer voir mes parents à tout moment. Mais en réalité, après avoir fondé un foyer dans une ville lointaine, je n'ai pas pu rentrer souvent. J'ai compris les paroles de mon père: «Il ne restera plus que ta mère et moi, et il n'y aura plus la moindre animation.»

    Tout amour en ce monde aboutit à la réunion, sauf celui des parents, qui les voue à la séparation.

16. Mon père et mon fils ne veulent pas se séparer. Le premier tend la main pour dire au revoir, tandis que le deuxième cherche à saisir la main de son grand-père pour qu'il reste.

17. Vingt ans se sont vite écoulés. Nous avons échangé nos places. J'ai grandi, et tu as vieilli.

18. Papa, moi aussi j'ai pleuré deux fois: le jour où je suis née, et le jour où tu es mort. La première fois, je ne m'en souviens plus. La deuxième fois, tu n'en sais rien. Mais entre ces deux crises de larmes, nous avons vécu d'innombrables rires. Tu le sais, et je m'en souviens.

19. Pour une fille, il y a normalement deux critères pour choisir son époux: premièrement, il faut qu'il n'ait pas le défaut le plus grave de son père, et

第 10 课　代词提前（III）

deuxièmement, il vaut mieux que la qualité la plus brillante de son père ne lui manque pas.

20. Loisir est père de philosophie.

— Thomas Hobbes

21. Pour celui qui est très seul, le bruit est déjà une consolation.

— Friedrich Nietzsche

22. Tout chemin mène à Rome.

23. Quand les enfants ne font rien, ils font des bêtises.

— Henry Fielding

词汇表

695. stagiaire *n.* 实习生 【trainee】
696. ruisseau *n.m.* 小溪 【stream】
697. neveu *n.m.* 侄子，外甥 【nephew】
698. arrondissement *n.m.* （巴黎的）区 【district】
699. canard *n.m.* 鸭子 【duck】
700. usine *n.f.* 工厂 【factory】
701. commissariat *n.m.* 警察分局 【police station】
702. carrefour *n.m.* 十字路口 【crossroad】
703. bâtiment *n.m.* 楼房 【building】
704. otage *n.m.* 人质 【hostage】
705. mendier *v.t.* 行乞；乞求 【beg】
706. trottoir *n.m.* 人行道 【sidewalk】

707. hirondelle *n.f.* 燕子【swallow】
708. toit *n.f.* 屋顶【roof】
709. logiciel *n.m.* 软件【software】
710. grenouille *n.f.* 青蛙【frog】
711. pupitre *n.m.* 课桌【desk】
712. serpent *n.m.* 蛇【snake】
713. puits *n.m.* 井【well】
714. loup *n.m.* 狼【wolf】
715. huître *n.f.* 牡蛎，蚝【oyster】
716. chauve *adj.* 秃的【bald】
717. locataire *n.* 房客【tenant】
718. clavier *n.m.* 键盘【keyboard】
719. rein *n.m.* 肾，肾脏【kidney】
720. semaine *n.f.* 星期【week】
721. éviter *v.t.* 避免，避开【avoid】
722. rendre *v.t.* （变位同attendre）归还；使变得【return, give back; make】
723. gros, se *adj.* 粗的；大的；胖的【large; big; fat】
724. mince *adj.* 单薄的【slim】
725. égout *n.m.* 阴沟【sewer】
726. étoile *n.f.* 星星【star】
727. crapaud *n.m.* 癞蛤蟆【toad】
728. cacher *v.t.* 藏匿，掩盖【hide】
729. cygne *n.m.* 天鹅【swan】

第10课　代词提前（III）

730. échelle *n.f.* 梯子；比例尺 【ladder; scale】

731. étroit, e *adj.* 窄的 【narrow】

732. nettoyer *v.t.* 清扫 【clean】

733. immeuble *n.m.* 楼房 【building】

734. poing *n.m.* [pwɛ̃] 拳头 【fist】

735. debout *adv.* 站着 【standing】

736. côté *n.m.* 旁；方面 【side】

737. havre *n.m.* 小港口；避风港 【harbor; haven】

738. paix *n.f.* 和平 【peace】

739. aveugle *adj.* 瞎的；盲目的 【blind】

740. soigner *v.t.* 照料，治疗 【treat】

741. gentil, le *adj.* [ʒɑ̃ti, -j] 和善的，友好的 【nice】

742. retenir *v.t.*（变位同venir）扣留；预订；忍住；记住 【detain; book; hold; remember】

743. bras *n.m.* 手臂，胳膊 【arm】

744. voilà *prép.* 那儿 【there】

745. larme *n.f.* 眼泪 【tear】

746. car *conj.* 因为 【because】

747. moyen *n.m.* 方法，办法 【way】；*adj.* 中等的，中间的 【middle】

748. commode *adj.* 方便的 【convenient, handy】

749. foyer *n.m.* 炉子；家 【furnace; home】

750. sauf *prép.* 除……以外 【except】

751. vouer *v.t.* 奉献，献给 【consecrate, devote, vow】

752. main *n.f.* 手 【hand】
753. saisir *v.t.* 抓住 【seize】
754. écouler *v.t.* 销售，推销 【sell off】；(se) *v.pr.* （时间）流逝
755. souvenir (se) *v.pr.* （变位同venir）记得，想起 【remember】
756. valoir *v.i.* 值，价值 【be worth】
757. manquer *v.i.* et *v.t.* 缺少；错过 【lack; miss】
758. loisir *n.m.* 闲暇 【leisure】
759. bruit *n.m.* 声音；噪音 【sound; noise】
760. chemin *n.m.* 道路 【path】
761. mener *v.t.* 带，领 【lead】
762. bêtise *n.f.* 蠢事，蠢话 【foolishness】

动词变位

valoir的现在时

Je vaux	Nous valons
Tu vaux	Vous valez
Il vaut	Ils valent

* 你已记住了762+146=908个法语单词，还剩下545个，进度条为62%。

第11课　代词式动词

自反代词（se）+动词=代词式动词。se要根据不同人称作相应变化：

Je → me　　　　Nous → nous

Tu → te　　　　Vous → vous

Il (Elle) → se　　Ils (Elles) → se

动词正常变化即可。见表8。

表8　se laver的变位和用法

肯定句	否定句	一般疑问句	命令式肯定句	命令式否定句
Je me lave	Je ne me lave pas	—	—	—
Tu te laves	Tu ne te laves pas	Te laves-tu?	Lave-toi	Ne te lave pas
Il se lave	Il ne se lave pas	Se lave-t-il?	—	—
Nous nous lavons	Nous ne nous lavons pas	Nous lavons-nous?	Lavons-nous	Ne nous lavons pas
Vous vous lavez	Vous ne vous lavez pas	Vous lavez-vous?	—	—
Ils se lavent	Ils ne se lavent pas	Se lavent-ils?	Lavez-vous	Ne vous lavez pas

代词式动词有以下四种意义：

1. 自反（自己对自己的动作）。试比较：

1) Il a failli frapper son fils qui avait osé grimper à un arbre, et avait menti ensuite.

他差点儿把儿子打了，后者竟敢爬到了一棵树上，事后还撒谎。

2) Sa femme menace de divorcer. Trempé de larmes, il se frappe la poitrine, jurant de ne plus utiliser ses cosmétiques en cachette.

妻子以离婚相要挟。他泪流满面地捶着胸口，发誓再也不偷用她的化妆品了。

2. 相互。试比较：

1) Les gamins regardent les fourmis.

孩子们观看蚂蚁。

2) On se regarde dans les yeux longtemps avant de se saluer.

在打招呼前我们互相注视了很久。

3. 被动。试比较：

1) Elle vend ses glaces avec ses rêves; un sourire passe au bord de ses lèvres.

她卖着冰激凌，也怀揣梦想，一丝微笑流露在唇角。

2) Ce fauteuil de massage se vend très bien.

这种按摩椅卖得很好。

4．绝对（即代词式动词的意思和动词的原有意思几乎毫无关系）。如：

1) s'en aller 离开

Je sortirai avec un gars grand, beau et riche. Un jour, sa mère me donnera rendez-vous dans un café et jettera sa carte bancaire sur la table en disant: «Je vous offre dix millions de yuans pourvu que vous quittiez mon fils tout de suite.» Je dirai: «Merci ma tante.» et je m'en irai avec la carte… Voilà mon vœu pour cette nouvelle année.

我要和一个高富帅的男孩儿谈恋爱。有一天，他妈妈约我去一

第 11 课　代词式动词

家咖啡厅，把一张银行卡扔在桌子上说："给你一千万，马上离开我儿子。"我说："谢谢阿姨。"然后拿着卡走了……这就是我的新年愿望。

2) se rendre compte（que）意识到

Ce vieux couple crédule a dépensé la moitié de ses économies pour acheter de soi-disant «produits de soins de santé» qui, d'après le fournisseur, pouvaient soulager, et même guérir la toux. Un an plus tard, le mari est mort du cancer de poumon. Regardant les faux médicaments qui s'entassent jusqu'au plafond chez elle, la vieille dame s'est rendu compte qu'ils étaient tombés dans un piège.

这对轻信的老夫妻花掉了一半积蓄购买所谓的"保健品"，据经销商说它能减轻甚至根治咳嗽。一年后，丈夫死于肺癌。老太太看着家里一直堆到天花板的假药，意识到他们上当了。

3) se souvenir de 想起

M. Duan lui-même se mit à douter: «C'est vrai que je suis sorti avec trop de femmes, en ferait-elle partie? Mais pourquoi ne me souviens-je de rien? »

连段先生自己都大起疑心："我以前的确有很多女朋友，难道有她在内？怎么我半点印象都没有？"

翻译句子

1. La jeune fille avait beau frotter et gratter de toutes ses forces, elle ne parvenait pas à effacer la tache de sang sur la clé.
2. Cet enfant prodigue a vendu aux enchères le collier d'or que ses parents lui avaient laissé.
3. Il faut laver le linge sale en famille.

4. On n'est jamais sali que par la boue.

5. Le ciel étoilé au-dessus de moi et la loi morale en moi.

— Emmanuel Kant

6. La loi et le désir refoulé sont une seule et même chose.

— Jacques Lacan

7. Dites donc, je le trouve bien hardi, le fils du voisin, d'avoir allumé un feu d'artifice dans sa propre salle de bain. C'est une honte d'avoir un enfant pareil ! Vraiment, c'est inouï !

8. L'allumette s'éteignit: elle n'avait devant elle que le mur épais et froid.

— Hans Christian Andersen

9. Parfois, il faut savoir prendre le taureau (*taurus*) par les cornes.

10. Quand un homme commence à expliquer, il s'apprête à mentir.

11. Le sage cherche la sagesse, le sot l'a trouvée.

— Georg Christoph Lichtenberg

12. C'est le corbeau qui a la sottise de laisser tomber son fromage, que prend le renard, qui était un flatteur.

13. Les grands écrivains n'ont jamais été faits pour subir la loi des grammairiens, mais pour imposer la leur.

— Paul Claudel

14. Si les chiffres ne mentent pas, il arrive que les menteurs chiffrent.

— Jacques Duhamel

15. Si tu veux courir, cours un kilomètre. Si tu veux changer ta vie, cours un marathon.

— Emile Zátopek

16. Il faut dépasser le but pour l'atteindre.

— Charles-Augustin Sainte-Beuve

第 11 课　代词式动词

17. Certains remerciements ont pour but de dégager d'une récompense.
18. Faire rire un inconnu est un jeu. Faire rire un ami est un défi.
19. Chercher la sagesse plutôt que la vérité. Elle est plus à notre portée.

— Joseph Joubert

20. Je lève la tête et contemple la lune, puis je la baisse et songe à mon pays natal.

— Li Bai

21. A la faible lueur de la lune, j'ai l'impression que les ombres des arbres vont se jeter sur moi.
22. Ce suicide affreux, le célibat.

— Victor Hugo

23. Un aéroport vient d'être construit près de chez moi et je n'ose plus bronzer à poil sur les balcons.
24. Pour séduire le lapin, je me cache derrière un arbre et imite le cri de la carotte.
25. Ah ! Il vaut mieux accoucher que d'avoir faim !
26. Il vaut la peine de faire 13,000 kilomètres de Rome à Xi'an pour acheter de la soie chinoise.
27. Défense aux camions de stationner sous peine d'amende.
28. Ce pénible entretien d'embauche a duré trois heures et il avait l'impression d'être sur des charbons ardents.
29. Elle tendit la main et prit la moitié où se trouvait le poison. A peine ses lèvres s'y furent-elles posées, qu'elle tomba morte sur le sol.

—Frères Grimm

30. Ce pauvre père a sillonné la Chine à la recherche de son fils perdu.

31. Une fois qu'elle a piqué l'homme de son aiguillon, l'abeille ne tarde pas à mourir.

32. L'infirmière se précipite vers le vagabond et appuie sur son épaule qui saigne.

33. Avoir trop faim pour choisir sa nourriture, avoir trop froid pour choisir son vêtement, être trop anxieux pour choisir sa voie, être trop pauvre pour choisir sa femme.

— Shi Nai'an

词汇表

763. faillir *v.i.* 几乎，险些，差一点儿 【≈ nearly do, almost do】

764. oser *v.t.* 敢，敢于 【dare】

765. grimper *v.i.* et *v.t.* 攀登，攀爬 【climb】

766. tremper *v.t.* 浸湿 【soak】

767. poitrine *n.f.* 胸脯 【chest】

768. jurer *v.i.* et *v.t.* 发誓；保证 【swear】

769. gamin, e *n.* 顽童 【kid】

770. fourmi *n.f.* 蚂蚁 【ant】

771. lèvre *n.f.* 嘴唇 【lip】

772. fauteuil *n.m.* 扶手椅 【armchair】

773. carte *n.f.* 地图；卡片 【map; card】

774. pourvu (que) *loc. conj.* 只要；但愿 【provided (that)】

775. tante *n.f.* 姨，姑 【aunt】

776. moitié *n.f.* 半，一半【half】

777. santé *n.f.* 健康【health】

778. d'après *loc. prép.* 根据【according to】

779. soulager *v.t.* 减轻；宽慰；救济【relieve】

780. poumon *n.m.* 肺【lung】

781. plafond *n.m.* 天花板【ceiling】

782. piège *n.m.* 陷阱【trap】

783. frotter *v.t.* 摩擦【rub】

784. gratter *v.t.* 刮，擦【scratch】

785. parvenir (à) *v.i.*（变位同venir）到达【reach】

786. tache *n.f.* 污点，斑点【stain】

787. clé *n.f.* 钥匙【key】

788. vendre *v.t.*（变位同attendre）卖【sell】

789. enchère *n.f.* 拍卖，出高价【bid】

790. collier *n.m.* 项链【necklace】

791. laver *v.t.* 洗【wash】

792. linge *n.m.* 待洗的衣物；内衣【washing; underwear】

793. sale *adj.* 脏的【dirty】

794. boue *n.f.* 淤泥【mud】

795. loi *n.f.* 法律【law】

796. refouler *v.t.* 击退；抑制，忍住【beat back, repress】

797. allumer *v.t.* 点燃；打开电器【light; turn on】

798. propre *adj.* 干净的；自己的【clean; own】

799. honte *n.f.* 耻辱【shame】

800. pareil, le *adj.* 相同的，同样的【same】

801. inouï, e *adj.* 前所未闻的【incredible】

802. épais, se *adj.* 厚的【thick】

803. parfois *adv.* 有时【sometimes】

804. corne *n.f.* （动物的）角【horn】

805. mentir *v.i.* （变位同partir）撒谎【lie】

806. sot, te *adj.* 傻的【silly】

807. corbeau *n.m.* 乌鸦【crow】

808. subir *v.t.* 遭受，忍受【undergo】

809. chiffre *n.m.* 数字【figure】

810. courir *v.i.* et *v.t.* 跑【run】

811. dépasser *v.t.* 超越【exceed】

812. but *n.m.* [by(t)] 目标【goal】

813. atteindre *v.t.* （变位同éteindre）到达【reach】

814. dégager *v.t.* 清理；使解除约束【free】

815. défi *n.m.* 挑战【challenge】

816. plutôt *adv.* 更确切地说【rather】

817. lever (se) *v.pr.* 起床；站起【get up; stand up】

818. puis *adv.* 然后【then】

819. songe *n.m.* 梦，梦幻【dream】

820. lueur *n.f.* 微光【glimmer】

821. ombre *n.f.* 阴影，影子【shadow】

822. affreux, se *adj.* 丑陋的；可怕的【ugly; horrible】

823. poil *n.m.* 毛【hair】

第 11 课　代词式动词

824. lapin *n.m.* 兔 【rabbit】

825. accoucher *v.t. indir.* 分娩 【be in labour】

826. peine *n.f.* 刑罚；苦难 【penalty; suffering】

827. soie *n.f.* 丝绸 【silk】

828. défense *n.f.* 禁止 【no (doing)】

829. camion *n.m.* 卡车 【truck】

830. amende *n.f.* 罚金 【fine】

831. entretien *n.m.* 面试，会谈；维修 【interview; maintenance】

832. embaucher *v.t.* 招聘 【hire】

833. charbon *n.m.* 煤 【coal】

834. sol *n.m.* 地 【ground】

835. sillonner *v.t.* 画出条纹；耕作；走遍 【furrow; visit every corner of】

836. piquer *v.t.* 刺，蜇，扎；刺激 【sting】

837. infirmier, ère *n.* 护士 【nurse】

838. appuyer *v.t.* 支持；按压 【support; press】

839. épaule *n.f.* 肩部 【shoulder】

840. voie *n.f.* 路，途 【way, path】

动词变位

courir的现在时

Je cours	Nous courons
Tu cours	Vous courez
Il court	Ils courent

* 你已记住了840+149=989个法语单词，还剩下464个，进度条为68%。

第12课　复合式过去时（avoir作助动词）

复合式过去时表示过去的动作，其构成方式为：

助动词（avoir或être）+ 过去分词

绝大部分动词的复合式过去时用avoir作助动词。如：

Je vois un film.（现在时）

J'ai vu un film.（复合式过去时）

过去分词的形式为：

第一组动词去掉词尾-er，加上-é，如regarder → regardé

第二组动词去掉词尾的r，如finir → fini

第三组动词无规律，需单独记忆：être → été, avoir → eu [y], aller → allé, apercevoir → aperçu, asseoir → assis, attendre → attendu, boire → bu, connaître → connu, courir → couru, éteindre → éteint, croire → cru, cuire → cuit, devoir → du, due, dire → dit, écrire → écrit, faire → fait, faillir → failli, falloir → fallu, haïr → haï, mettre → mis, mourir → mort, naître → né, ouvrir → ouvert, partir → parti, plaire → plu, pouvoir → pu, prendre → pris, rire → ri, savoir → su, suivre → suivi, valoir → valu, venir → venu, vivre → vécu, vouloir → voulu, voir → vu。

注意：

1. 直宾代词、间宾代词和副代词需提到助动词前，如：

— Tu as vu mon fils?

— Oui, je l'ai vu il y a 4 heures.

2. 在否定句中，ne…pas要夹住助动词，如：

Je n'ai pas vu votre fils.

如果有提到动词前的代词，要把代词和助动词一起夹进去，如：

— Tu as vu mon fils?

— Non, je ne l'ai pas vu.

3. 过去分词和在它前面的直接宾语保持性数一致，如：

— Tu as vu ma fille?

— Non, je ne l'ai pas vue.

翻译句子

1. Il y a des gens qui lisent parce qu'ils sont trop paresseux pour penser.

— Georg Christoph Lichtenberg

2. On commence à s'apercevoir que l'on vieillit quand le poids des bougies d'anniversaire dépasse celui du gâteau.

3. La superstition est l'art de se mettre en règle avec les coïncidences.

— Jean Cocteau

4. Célibataire, je suis un crayon qui cherche sa gomme pour effacer toutes les erreurs qu'il a commises.

5. Elle regarde dehors, le menton appuyé sur la main.

6. Emma rêve au jour de son mariage; et elle se revoit là-bas, au milieu des blés, sur le petit sentier, quand on marchait vers l'église.

第 12 课　复合式过去时（avoir 作助动词）

— Gustave Flaubert

7. La sensibilité, au point de vue littéraire, n'est que l'art de se rendre ému par l'imagination.

— Antoine Albalat

8. Les aveugles se heurtent souvent aux obstacles avant de les sentir.

9. J'ai trouvé le clou manquant, tout rouillé dans le porte-savon.

10. L'homme gagne un temps fou grâce à la révolution informatique, mais il le passe devant son ordinateur.

11. En Hollande, les gens sont tellement propres que, quand ils ont envie de cracher, ils prennent le train pour la campagne.

— Georges Courteline

12. Je rigole face au danger, et puis je cherche un trou pour me cacher.

13. Il faut savoir ramper devant les fusils, car seuls les lâches s'en sortiront.

— Georges Wolinski

14. Les élèves cherchent à dégonfler le pneu du prof.

15. Elle me frôle doucement en passant, et, tout en rougissant jusqu'aux yeux, me demande pardon de m'avoir touché, d'une voix si douce.

16. Grâce à mes voisins bavards, je sais déjà qu'elle est parisienne, qu'elle travaille dans un cimetière et qu'à l'âge de 25 ans, elle est encore célibataire.

17. Je fais exprès de passer par le cimetière pour la rencontrer par hasard.

18. Je ne suis pas le seul à avoir eu cette idée tordue ?

19. Cette jolie fille se transforme en vampire à chaque fois que la lune est pleine. Hier, j'ai assisté à son horrible métamorphose de mes propres yeux. S'apercevant de ma présence, elle a souri de ses dents pointues,

mystérieusement. Tout effrayé, j'ai reculé de quelques pas et fait demi-tour dans l'espoir de fuir. Mais en vain, elle m'a rattrapé et m'a mordu au cou. Je me suis évanoui.

20. Les tours les plus hautes font les plus hautes chutes.

— Horace Walpole

21. Mes amours? Je me suis éprise, je me suis méprisée, je me suis reprise.

— Cécile Sorel

22. Le roman est un mensonge qui dit toujours la vérité.

— Jean Cocteau

23. «Camarades, les ennemis marchent sur nous. En avant !»…de grands cris de combat retentirent dans la vallée.

24. Voyant que les ennemis étaient dix fois plus nombreux qu'eux, il pâlit, glissa et mordit la poussière, restant immobile à faire le mort.

25. Malgré la mort de mes compagnons d'armes, si j'ai pu m'en tirer vivant après avoir tué une vingtaine d'ennemis sans la moindre blessure, c'est que premièrement, j'ai une grande maîtrise des arts martiaux et que deuxièmement, j'ai eu beaucoup de chance.

26. Rentré à la maison, il prit dans ses bras le joli bébé qui avait déjà un an. A la vue de ses petits pieds ronds et forts, il se sentit très content et brûla de le manger tout cru. Mais quand il examina le visage du bébé, il se mit à douter: en dix mois, son apparence physique avait beaucoup changé, mais pourquoi diable était-il devenu le portrait craché de feu son compagnon d'armes?

27. Vous devinez juste, c'est par de belles paroles que je l'ai enlevée. Tant pis pour elle, elle l'a bien mérité. Adulte déjà, votre fille est pourtant trop

第 12 课　复合式过去时（avoir 作助动词）

naïve; elle a encore <u>foi</u> en l'amour éternel, rêvant d'aller aux quatre <u>coins</u> du monde avec l'homme qu'elle aime sans jamais reculer.

28. Entrons dans le <u>vif</u> du sujet.

29. Mais elle a pris <u>racine</u> chez moi, décidée qu'elle est à ne jamais me quitter. Au <u>secours</u>, sauvez (*save*) -moi!

30. Plus on a d'amis sur WeChat, plus on <u>gaspille</u> de temps là-dessus. Il nous arrive souvent de composer un message en cinq minutes avant de passer une demi-heure à <u>peser</u> le pour et le contre, à <u>trier</u> <u>parmi</u> les gens qui pourront le voir.

31. Je veux passer toute ma vie à <u>parcourir</u> le monde dans l'espace et l'histoire dans le temps.

32. Le cheval grandit dans le <u>manège</u> où il vit; l'homme, dans ceux qu'il a connus.

33. J'ai <u>raté</u> mon permis parce que j'avais oublié d'attacher ma <u>ceinture</u> de sécurité. C'est déjà la onzième fois, j'ai honte !

34. Comme la religion va de la statue à la théologie, <u>ainsi</u> la pensée va de poésie à prose.

— Alain

35. L'action est un remède à la panique, tandis que l'hésitation et le fait de <u>traîner</u> y contribuent.

36. La <u>feuille</u> morte protège et cache le <u>bourgeon</u> de la feuille nouvelle.

— Richard Cowper

37. Frappé[18] par les secrets que j'ai découverts en feuilletant des documents historiques, je laisse couler mes larmes mais je <u>demeurerai</u> muet (*mute*) comme une tombe.

38. Quand je vois l'Histoire, j'y vois des heures de liberté et des siècles de servitude.

— Joseph Joubert

39. Appartenir à l'histoire, c'est appartenir à la haine.

— André Malraux

40. Ils se contentent de tuer le temps en attendant que le temps les tue.

— Simone de Beauvoir

翻译文章

Perdu dans un petit village, je me suis installé dans une auberge éloignée. Une fois les bagages rangés, je me suis lavé le visage à un petit lavabo.

Il fait noir. Il fait froid. Il tonne. Il va pleuvoir. A la faible lueur de la lampe à huile, je me trouve devant un miroir avec mon reflet dedans. Je souris, mon reflet sourit; je cligne des yeux, mon reflet cligne des yeux; je secoue la tête, mon reflet secoue la tête; j'ouvre la bouche, mon reflet ouvre la bouche; je ferme la bouche, mon reflet...non, il ne ferme pas la bouche. Soudain, un vent léger se met à souffler de «l'intérieur» du miroir et en une fraction de seconde, je me rends compte que ce n'est pas un miroir, mais une fenêtre.

词汇表

841. paresseux, se *adj.* 懒惰的 【lazy】

第12课　复合式过去时（avoir 作助动词）

842. poids *n.m.* 重量，分量【weight】

843. anniversaire *n.m.* 生日【birthday】

844. gâteau *n.m.* 蛋糕【cake】

845. règle *n.f.* 尺；规则【rule】

846. crayon *n.m.* 铅笔【pencil】

847. gomme *n.f.* 橡皮【rubber】

848. dehors *adv.* 在外面【outside】

849. menton *n.m.* 下巴【chin】

850. blé *n.m.* 小麦【wheat】

851. sentier *n.m.* 小路，小径【path】

852. église *n.f.* 教堂【church】

853. ému, e *adj.* 感动的，激动的【moved】

854. heurter *v.i.* et *v.t.* 碰撞【hit】

855. rouillé, e *adj.* 生锈的【rusty】

856. savon *n.m.* 肥皂【soap】

857. gagner *v.t.* 挣（钱）；赢；到达【earn; win; reach】

858. grâce (à) *loc. prép.* 多亏【thanks to】

859. ordinateur *n.m.* 电脑，电子计算机【computer】

860. cracher *v.i.* et *v.t.* 吐痰【spit】

861. rigoler *v.i.* 笑；开玩笑【laugh; joke】

862. ramper *v.i.* 爬行，匍匐；潜入【crawl】

863. gonfler (se) *v.pr.* 膨胀，鼓起来【swell】

864. pneu *n.m.* 轮胎【tire】

865. frôler *v.t.* 擦过，掠过【graze】

866. bavarder *v.i.* 聊天，闲谈【chat】
867. exprès *adv.* 故意地，特意地【purposely】
868. tordre *v.t.*（变位同attendre）绞，拧【twist】
869. hier *adv.* et *n.m.* 昨天【yesterday】
870. effrayer *v.t.* 使害怕【scare】
871. reculer *v.i.* 后退【retreat】
872. tour *n.m.* 一圈；花招，诡计【turn; trick】；*n.f.* 塔【tower】
873. espérer *v.t.* 希望【hope】
874. fuir *v.i.* et *v.t.* 逃跑；躲避【run away; avoid】
875. rattraper *v.t.* 追上，弥补；重新逮住【catch up】
876. mordre *v.t.*（变位同attendre）咬【bite】
877. cou *n.m.* 脖子【neck】
878. évanouir (se) *v.pr.* 晕厥【faint】
879. éprendre (se) *v.pr.*（变位同prendre）钟情于【fall in love with】
880. mépriser *v.t.* 轻视，藐视【despise】
881. roman *n.m.* 小说【novel】
882. retentir *v.i.* 回响，回荡【resound】
883. glisser *v.i.* et *v.t.* 滑【slide】
884. poussière *n.f.* 灰尘，尘土，尘埃【dust】
885. blesser *v.t.* 使受伤，击伤【hurt】
886. maîtriser *v.t.* 控制；精通【control; master】
887. content, e *adj.* 高兴的【happy】
888. brûler *v.t.* 烧【burn】
889. deviner *v.t.* 猜测【guess】

第 12 课　复合式过去时（avoir 作助动词）

890. enlever *v.t.* 除去；绑架【take off; kidnap】

891. tant pis *loc. adv.* 可惜；活该；倒霉【≈too bad for】

892. pourtant *adv.* 然而【however】

893. foi *n.f.* 信义；信仰；诺言【faith】

894. coin *n.m.* 角落【corner】

895. vif, ve *adj.* 生动的；激烈的【lively】；*n.m.* 要害【heart】

896. racine *n.f.* 根，根源【root】

897. secours *n.m.* 援助，救济【help】

898. gaspiller *v.t.* 浪费【waste】

899. peser *v.t.* 称，称体重【weigh】

900. trier *v.t.* 分拣，分类，挑选【sort】

901. parmi *prép.* 在……之中【among】

902. parcourir *v.t.*（变位同courir) 跑遍【run through】

903. manège *n.m.* 驯马场；旋转木马；伎俩【riding school; carousel; trick】

904. rater *v.t.* 错过；失败【miss; fail】

905. ceinture *n.f.* 皮带【belt】

906. ainsi *adv.* 这样，如此【thus, so】

907. traîner *v.t.* 拖【drag】；*v.i.* 拖延【procrastinate】

908. feuille *n.f.* 树叶；纸张【leaf; sheet】

909. bourgeon *n.m.* 芽【bud】

910. demeurer *v.i.* 居住，停留；依然是【stay; remain】

911. siècle *n.m.* 世纪【century】

912. appartenir (à) *v.i.*（变位同venir）属于【belong (to)】

913. tuer *v.t.* 杀死【kill】

914. auberge *n.f.* 小旅馆【hostel】

915. déranger *v.t.* 打扰，弄乱【bother】

916. tonner *v.imp.* 打雷【thunder】

917. pleuvoir *v.imp.* 下雨【rain】

918. huile *n.f.* 油【oil】

919. cligner *v.i.* 眨眼睛【wink】

920. secouer *v.t.* 摇动，摇晃【shake】

921. soudain *adv.* 突然，即刻【suddenly】

922. vent *n.m.* 风【wind】

923. souffler *v.i.* et *v.t.* 吹气，喘气【blow】

924. colombe *n.f.* 鸽子【dove】

925. borner *v.t.* 限定；节制，抑制【bound; restrain】

动词变位

fuir的现在时和过去分词

Je fuis	Nous fuyons
Tu fuis	Vous fuyez
Il fuit	Ils fuient
Participe passé: fui	

第 12 课　复合式过去时（avoir 作助动词）

pleuvoir的现在时和过去分词

Il pleut
Participe passé: plu

* 你已记住了925+198=1123个法语单词，还剩下330个，进度条为77%。

第13课 复合式过去时（être作助动词）

1. 某些表示方向性动作的不及物动词，变成复合式过去时，要用être作助动词。常用的有16个，它们是：naître, mourir, arriver, venir, entrer, rentrer, retourner, monter, tomber, descendre, rester, aller, sortir, partir, passer, devenir。

例如：

La nuit tombe et le marchand sort de chez lui.（现在时）

La nuit est tombée et le marchand est sorti de chez lui.（复合式过去时）

注意：

1) 过去分词要和主语保持性数一致。

2) 上述动词作及物动词时，助动词仍用avoir。试比较：

Il est monté au 2e étage.

Il a monté les fraises au 2e étage.

2. 代词式动词变成复合式过去时，也要用être作助动词，结构为：

主语+代词+être+过去分词

例如：

Il se rase la barbe.（现在时）

Il s'est rasé la barbe.（过去时）

第 13 课　复合式过去时（être 作助动词）

在否定句中，ne...pas夹住代词+助动词。如：

Il ne s'est pas rasé la barbe.

注意：如果se是动词的直接宾语，过去分词要和主语保持性数一致。如：

La reine s'est levée.

翻译句子

1. Dès le début, Dieu a servi à expliquer l'inexplicable.
2. Quel fardeau tout de même pour une femme d'être née trop belle !

—— Paule Cloutier-Daveluy

3. Elle tient une corbeille et une caisse à outils à la main.
4. Ma fiancée a vingt ans de moins que moi. On dit que le fard rajeunit les vieux, et que le maquillage vieillit les jeunes. Mais tout comme le fard ne cache pas mes rides, le maquillage n'occulte pas sa jeunesse.
5. Nous sommes tous les deux près du ciel, Madame, puisque vous êtes belle et puisque je suis vieux.

—— Victor Hugo

6. C'est la tombe de ma grand-mère. Toute ma famille repose désormais dans ce cimetière.
7. Et la gare demeura vide, comme une plage après la marée.
8. Il lit tantôt tranquillement des poèmes français dans sa chambre d'hôpital comme un honnête homme, et sort tantôt sans crier gare pour hurler dans le couloir comme un loup.
9. La montre anglaise est à regarder et la montre française est à montrer.
10. Il y a toujours un écart entre ce qui est et ce qui doit être.

11. Pourvu que l'on ait une auge (*trough*), on trouvera les cochons.

— Alexandre Pouchkine

12. Une bonne action invisible n'est pas rentable.

— Maria Jotuni

13. On ne peut être à la fois au four et au moulin.

14. Il suffit d'une pomme pourrie pour gâter tout le tas.

— Michel de Northgat

15. Si je préfère le travail d'équipe, c'est qu'en cas d'erreur, je peux accuser quelqu'un d'autre.

16. Dans cette société de consommation, on a acheté trop de choses sans avoir le temps d'en jouir.

17. Pour elle, la grossesse est un labeur acharné et plein de difficultés. Son mari, quant à lui, n'est pas prêt à devenir père, et il redoute le jour où son fils naîtra.

18. Ce grand débutant parle français comme une vache espagnole.

19. J'essaie d'épargner, parce que je rêve de pouvoir mener un jour une vie errante avec toi.

20. Il se méfie de la politique et dit souvent: «Etymologiquement, "gouvernement" veut dire "qui gouverne ment", et "parlement" veut dire "qui parle ment".»

21. En plein été sur le campus, lorsque le soleil se couche, les garçons, avec un fond de méchanceté, sortent se promener. Ils jettent des coups d'œil à droite et à gauche mais font semblant d'être tranquilles. En voyant cela, les filles font un brin de toilette (*a bit of toilet*) et sortent de leur résidence en pantoufles. Elles défilent en faisant étalage de leurs charmes pour aller

第 13 课　复合式过去时（être 作助动词）

se promener joyeusement au bord du lac.

22. Mon fils, si ta mère ne te demande pas, comme certaines de ses amies le demandent à leurs propres enfants, d'avoir un <u>cerveau</u> hors du commun, d'être <u>doué</u> en musique, en go, en calligraphie et en <u>peinture</u>, afin de pouvoir parader vaniteusement auprès de mes connaissances, c'est que toi, tu ne demandes pas à ta mère, comme tes copains de crèche, tels que Jia, Shi, Wang, Xue, le demandent à la leur, d'avoir une villa, une voiture de luxe, et une entreprise familiale, pour te garantir un avenir sans trop de <u>souci</u>, et une vie qui te plaise. Je te nourris de riz et de <u>bouillie</u>, en échange de tes sourires et de tes <u>froncements</u> de <u>sourcils</u>. La vie à l'avenir risque d'être trop courte, les jours passés se font malheureusement de plus en plus nombreux, remercions Dieu de nous avoir faits mère et fils et ne <u>nous plaignons</u> pas l'un de l'autre.

23. Si l'on n'<u>imprimait</u> que l'utile, il y aurait cent fois moins de livres.

— Voltaire

24. Il faut savoir <u>sauter</u> des lignes quand on lit.

25. Xiao Lei est très pédant. Tu dis: «Comme Xiao Qiang est beau.» Il répond: «Non, il ne faut pas s'en tenir aux apparences.» Tu dis: «Comme ce plat est délicieux.» Il répond: «Non, c'est bête de le décrire comme ça, on l'a déjà fait avant toi.» Il s'oppose à toutes tes idées, parle toujours de façon vive, pénétrante et littéraire, pour te convaincre pleinement. Il est difficile, <u>voire</u> impossible de connaître l'état d'âme de cet homme mystérieux. Hier pendant qu'il parlait, j'en ai eu assez et j'ai <u>claqué</u> la porte...

26. Xiao Mei a envie de faire la fête avec ses amis chez Xiao Qiang mais elle

ne veut pas inviter Xiao Lei, car il parle toujours sans cesse (*cease*) pour faire de l'esprit, elle a peur que cela ennuie tout le monde.

27. Comme ces nouvelles lunettes sont laides. Si je sors avec, Xiao Mei se moquera sûrement de moi.

28. Dans la soirée, Xiao Mei constate que Xiao Qiang ne cesse de regarder en cachette ses amies proches. Mécontente, elle lui demande: «Elles sont plus belles que moi?» «Ah non, pas du tout. Tu es la plus belle fille du monde.» dit Xiao Qiang, «Mais à vrai dire, tes amies font à coup sûr souvent du sport, car elles ont toutes une belle taille.» Entendant son propos, Xiao Mei lui jette un regard noir et dit: «Tu es une sale bête ! Tout ce qui t'intéresse, c'est les courbes, les cuisses, les seins et les fesses des femmes. Sale bête !» Puis, elle sort en larmes.

29. Dans la bibliothèque de chez Xiao Qiang, Xiao Lei veut raconter à ses camarades une histoire tirée du canon bouddhique, mais tout le monde fuit au bout de cinq minutes. Déçu, il fouille sur l'étagère et trouve enfin un livre intitulé *Contes de fées pour enfants*. Il se met à lire…Lorsqu'il relève la tête, il aperçoit, non sans surprise, Xiao Mei devant la porte qui cligne des yeux, tout sourire. «Comme elle est belle ! Elle est belle comme un tableau !» A cet instant précis, Xiao Lei éprouve les premiers émois de l'amour.

30. Xiao Mei dit à Xiao Lei: «Si je t'ai fait de l'œil l'autre jour, c'est pour provoquer mon petit ami. Ne le prends pas au sérieux.»

31. Au plus profond de la nuit, le téléphone sonne. C'est Xiao Lei. Il dit: «Je n'ai pas pu me retenir de te passer un coup de fil. Je suis triste, très très triste. Voilà c'est comme ça. Rien d'autre.» Et puis, il raccroche.

第 13 课　复合式过去时（être 作助动词）

32. La vie est capricieuse. Xiao Lei a pris froid et il est malheureusement mort ce matin.

33. Ma sœur dit d'un ton catégorique: «Je m'en mords les doigts pour avoir épousé Xiao Qiang. Je décide de divorcer. Cette décision, tu la diras à nos parents. Ils ont une santé fragile, il faut prendre un ton modéré…» «Je m'occuperai de nos parents, mais ma sœur, quant aux enfants, qui leur dira?» En voyant ces deux anges s'amuser pieds nus sur la plage, j'ai failli pleurer.

34. Tant d'années après, Xiao Mei pense de temps en temps à Xiao Lei, comme une pauvre femme qui, assise contre un mur taché du sang d'un moustique écrasé, pense au clair de lune éparpillé sur le lit du passé.

词汇表

926. étage *n.m.* 楼层 【floor】
927. fraise *n.f.* 草莓 【strawberry】
928. raser *v.t.* 刮 【shave】
929. barbe *n.f.* 胡子 【beard】
930. reine *n.f.* 皇后 【queen】
931. dès *prép.* 从……起 【from】
932. fardeau *n.m.* 重担 【burden】
933. corbeille *n.f.* 篮子 【basket】
934. caisse *n.f.* 收款台；箱子 【checkout counter; box】
935. outil *n.m.* [uti] 工具 【tool】

936. fard *n.m.* 胭脂【rouge】

937. maquillage *n.m.* 化妆，化妆品【makeup】

938. ride *n.f.* 皱纹【wrinkle】

939. puisque *conj.* 既然【since】

940. désormais *adv.* 今后【henceforth】

941. gare *n.f.* 火车站；*interj.* 注意【train station; look out】

942. plage *n.f.* 沙滩，海滩，海滨【beach】

943. marée *n.f.* 潮水【tide】

944. lire *v.t.* 读，阅读【read】

945. tantôt *adv.* 有时【sometimes】

946. hurler *v.i.* et *v.t.* 嗥叫，长吠【scream】

947. couloir *n.m.* 走廊【corridor】

948. montre *n.f.* 手表【watch】

949. écart *n.m.* 差距，距离【gap】

950. cochon *n.m.* 猪【pig】

951. rentable *adj.* 有收益的【profitable】

952. four *n.m.* 烤箱【oven】

953. moulin *n.m.* 磨坊；榨汁机【mill】

954. pomme *n.f.* 苹果【apple】

955. gâter *v.t.* 弄脏；溺爱【mar; spoil】

956. équipe *n.f.* 队，班，组【team】

957. jouir (de) *v.t. indir.* 享受【enjoy】

958. acharné, e *adj.* 激烈的，猛烈的；顽强的【fierce】

959. quant (à) *loc. prép* 至于【as to】

第 13 课　复合式过去时（être 作助动词）

960. redouter *v.t.* 害怕，畏惧【fear】

961. vache *n.f.* 母牛【cow】

962. espagnol, e *n.* 西班牙人；*adj.* 西班牙（人）的；*n.m.* 西班牙语【Spanish】

963. épargner *v.t.* 节省，积蓄；饶恕【save; spare】

964. errer *v.i.* 流浪【wander】

965. méfier (se) *v.pr.* 不信任，怀疑；当心，小心【beware】

966. soleil *n.m.* 太阳【sun】

967. coucher (se) *v.pr.* 躺在床上，睡觉【go to bed】；*n.m.* 日落【sunset】

968. pantoufle *n.f.* 拖鞋【slipper】

969. étaler *v.t.* 摊开，展开【spread out】

970. cerveau *n.m.* 大脑，头脑【brain】

971. doué, e *adj.* 有天分的【gifted】

972. peinture *n.f.* 绘画【painting】

973. souci *n.m.* 忧虑，操心，烦恼【worry】

974. bouillie *n.f.* 粥【porridge】

975. froncer *v.t.* 皱【frown】

976. sourcil *n.m.* [sursi(l)] 眉毛【eyebrow】

977. plaindre *v.t.* （变位同éteindre）同情；(se) *v.pr.* 抱怨【have compassion on; complain】

978. imprimer *v.t.* 印，印刷【print】

979. sauter *v.i.* 跳跃，跨越【jump】

980. voire *adv.* 甚至【even】

981. claquer *v.i.* et *v.t.* （使）砰然作响【clap】

982. ennuyer (s') *v.pr.* 感到厌倦，感到烦恼 【bother】

983. lunettes *n.f.pl.* 眼镜 【glasses】

984. laid, e *adj.* et *n.* 丑陋的（人），令人厌恶的（人）【ugly】

985. constater *v.t.* 发觉，看到，确认 【note, observe, notice】

986. taille *n.f.* 尺寸，尺码；身材 【size】

987. propos *n.m.* 话，话题，言论 【talk, statements】

988. courbe *n.f.* 曲线，弧线 【curve】

989. cuisse *n.f.* 大腿 【thigh】

990. sein *n.m.* 乳房，胸部，胸口 【breast】

991. fesse *n.f.* 屁股 【ass】

992. déçu, e *adj.* 失望的 【disappointed】

993. étagère *n.f.* 小书架 【shelf】

994. fée *n.f.* 仙女 【fairy】

995. tableau *n.m.* 板；画 【board, picture】

996. émoi *n.m.* 激动；不安 【stir】

997. écraser *v.t.* 压碎，消灭，粉碎 【crush, overwrite】；(s') *v.pr.* 闭嘴 【shut up】

998. éparpiller *v.t.* 撒，洒 【scatter】

第 13 课　复合式过去时（être 作助动词）

动词变位

lire的现在时和过去分词

Je lis	Nous lisons
Tu lis	Vous lisez
Il lit	Ils lisent
Participe passé: lu	

* 你已记住了998+202=1200个法语单词，还剩下253个，进度条为83%。

第14课　未完成过去时

未完成过去时的构成是：直陈式现在时第一人称复数去掉词尾-ons，加上词尾-ais, -ais, -ait, -ions, -iez, -aient。如：

Penser (nous pensons): je pensais, tu pensais, il pensait, nous pensions, vous pensiez, ils pensaient

Finir (nous finissons): je finissais, tu finissais, il finissait, nous finissions, vous finissiez, ils finissaient

Prendre (nous prenons): je prenais, tu prenais, il prenait, nous prenions, vous preniez, ils prenaient

Etre是例外：j'étais, tu étais, il était, nous étions, vous étiez, ils étaient

复合式过去时表示过去的动作，是叙述性的、非延续性的、已完成的；未完成过去时表示过去的状态，是描述性的、延续性的、未完成的。如：

Hier après-midi, lorsqu'il faisait la lessive, il a grêlé d'un coup.

昨天下午，他正在洗衣服，天上突然下起了冰雹。

注意：

1. 动作和状态可以相互转化。如：

Hier après-midi, lorsqu'il grêlait, il a fait la lessive.

昨天下午，天上下冰雹的时候，他把衣服洗了。

2. 如果一个动作在过去的某段时间里有规律地重复发生，即使是极其短暂的非延续性动作，也用未完成过去时。如：

Lui trop nerveux, rien qu'à voir le feu jaune, il freinait brusquement.

他太紧张了，一见到黄灯就急刹车。

翻译句子

1. Avec l'essor de WeChat, les cartes de visite ont été abandonnées à leur sort.
2. Ce qu'il y a de plus embarrassant quand on n'est pas né riche, c'est d'être né fier.

    — Luc de Clapiers Marquis de Vauvenargues

3. Un vendeur d'aspirateur prend la poubelle et en répand tout le contenu sur le lit: bouts de papiers, débris de vaisselle, peaux de bananes, fleurs fanées, vieilles boîtes de yaourt, mouches et chenilles mortes...
4. Et deux minutes plus tard, la dame en descend avec du sel, du sucre, du beurre, de l'huile et du vinaigre.
5. Le seul lieu où le "succès" précède le "travail" est le dictionnaire.
6. Le dimanche soir, l'un des pires moments que l'on puisse imaginer: encore en congé mais déjà au travail.

    — Jean Dion

7. Un soir, le garçon prépara une très jolie carte sur laquelle[19] il écrivit ce qu'il avait au fond du cœur depuis tout ce temps.
8. Quelqu'un cognait à la fenêtre. Elle se leva dans le noir, agacée.
9. «Ne m'embête plus!» «Tu ne plaisantes pas?»
10. Avant d'emprunter de l'argent à un ami, demande-toi duquel[20] tu as le plus besoin.
11. Je ne suis pas un escalier, mais un ascenseur en panne.

12. Et le comble, c'est que deux d'entre eux sont sortis ensemble récemment.

13. Traductions: celles qui sont belles ne sont pas fidèles, celles qui sont fidèles ne sont pas belles.

14. A quoi sert la pudeur? Elle sert à paraître plus belle quand on est belle et à paraître moins laide quand on l'est.

— Joseph Joubert

15. Le brouillard est le filtre embellissant du soleil.

16. Quatre choses ne reviennent jamais en arrière: le temps passé, la cendre éparpillée, le mot prononcé, l'amour manqué.

17. On n'a jamais aussi soif qu'après avoir traversé un désert qui n'existe pas.

— Achille Chavée

18. Il est mille fois plus aisé de faire le bien que de le bien faire.

— Charles de Montesquieu

19. Tout ce qui branle ne tombe pas.

— Michel Eyquem de Montaigne

20. L'arbre se brise, mais l'herbe plie.

21. J'ai encore l'âme tout effarouchée de ce que j'ai vu, de ce que j'ai éprouvé.

— Voltaire

22. Mais il continuait à hocher la tête, d'un air de résolution inébranlable.

23. Il s'arrête, laissant transparaître une joie mêlée de tristesse; ses lèvres bougeaient sans pourtant qu'il prononçât un mot. Enfin, il prit un air respectueux et dit distinctement: «Maître…»

Cette appellation me fit froid dans le dos; je savais bien qu'un déplorable, qu'un profond fossé nous séparait. Je ne savais plus quoi dire.

— Lu Xun

24. Il faut rédiger un nouveau manuel qui mette l'accent non sur la grammaire, mais sur le vocabulaire.
25. Quasimodo, sonneur de cloche, bossu, boiteux et borgne, soupire jour et nuit. Il est tombé amoureux d'Esméralda, mais la laideur est son péché.
26. Et aussitôt arrivée, vous allez partir !
27. Qui veut noyer son chien l'accuse de la rage.

— Molière

28. Traduire, c'est trahir.
29. Pour la plupart des hommes, se corriger consiste à changer de défauts.

— Voltaire

30. Une femme occupée à préparer une soirée demande à son mari d'aller ramasser un seau d'escargots sur la plage.
31. Il se hâte de se rhabiller, s'empare du seau et se précipite à la maison. Comme il court trop vite, il fait tomber le seau devant la porte et les escargots se répandent de-ci de-là.
32. Dépêchez-vous mes amis, nous y sommes presque.
33. Pauvre Paul, il s'est brûlé l'oreille avec le fer à repasser car il l'avait pris pour son portable…malgré la douleur, il a décroché. C'était sa petite amie qui voulait le quitter sous prétexte que leurs goûts étaient trop différents. «Comme tu veux.» il a raccroché et s'est laissé tomber sur le lit. Il avait l'air abattu, sa poitrine se gonflait, le sang lui montait aux yeux, mais les larmes ne venaient pas. Soudain, il s'est souvenu que son directeur de thèse lui avait demandé de remettre un rapport dans les délais prescrits sous peine d'être chassé de l'école, et c'était déjà le dernier jour. A ce moment-là, le téléphone a sonné. «Ah, mon patron !» il s'est emparé

du téléphone et a poussé un cri déchirant…le téléphone a continué de sonner: c'était encore le fer, et il a eu l'autre oreille brûlée.

34. Quelques éclairs de chaleur, reflets d'un orage lointain, illuminaient l'horizon. Une silhouette est apparue sur le campus. C'était Paul. Il portait un maillot et courait sur le terrain de sport. C'était bien ici, il y a trois ans, qu'il avait eu le coup de foudre pour Sophie. C'était également ici, il y a deux ans, que Sophie et lui s'étaient promenés, bras-dessus bras-dessous. Sophie s'appuya sur son bras, et avec tant d'abandon que Paul sentait la chaleur de sa joue sur la sienne; la pluie avait commencé à tomber, et ils s'étaient mis à courir dans la tempête, avant de lécher les gouttes de pluie douces et fraiches sur leurs joues... Comme ils étaient jeunes à l'époque ! Ce jour-là, Paul voulait faire le deuil de sa jeunesse par une course semblable.

35. A quoi bon gagner le monde entier si je t'ai perdue.

36. Je n'étais pas encore née à ta naissance.

    Quand je suis née, tu étais déjà vieux.

    Quel dommage que nous ne soyons pas nés à la même époque,

    Nous nous serions aimés de jour comme de nuit.

37. Peu après sa séparation avec Sophie, Paul a fondu en larmes en lisant le poème que lui avait écrit Amélie, une jeune fille très jolie et âgée de 10 ans de moins que lui. Il a décidé de lui demander sa main.

38. Après le mariage, l'apparition d'Alam, à qui Amélie avait donné son premier baiser, a totalement bouleversé sa vie.

39. Alam s'endort dans la salle de classe. Vincent, un professeur myope, jette furieusement sa craie vers Alam. Elle atteint Paul qui était juste à côté de

第 14 课　未完成过去时

lui, en plein front.

40. — Cul sec ! dit Alam.

— A notre amitié, dit Amélie.

Paul s'imagine en train de lier Alam à un poteau (*post*) avec une corde pour mieux le frapper ; mais il se rappelle qu'Alam a été autrefois un excellent boxeur, et lève son verre : «A notre amitié, à nous trois.»

41. Alam donne rendez-vous à Amélie pour aller cueillir des champignons jeudi matin. Ce sera une journée grise pour Paul.

42. Grâce à Dieu, jeudi, il pleut des cordes.

词汇表

999. lessive *n.f.* 洗衣粉；洗衣服 【washing-powder; washing】

1000. grêle *n.f.* 冰雹 【hail】

1001. freiner *v.i.* 刹车，制动 【curb】

1002. essor *n.m.* 飞跃 【rise】

1003. fier, ère *adj.* 自豪的，骄傲的 【proud】

1004. poubelle *n.f.* 垃圾箱 【trash can】

1005. contenu *n.m.* 内容 【contents】

1006. peau *n.f.* 皮肤 【skin】

1007. faner (se) *v.pr.* 枯萎；衰败 【fade】

1008. boîte *n.f.* 盒子 【box】

1009. mouche *n.f.* 苍蝇 【fly】

1010. chenille *n.f.* 毛虫 【caterpillar】

1011. sel *n.m.* 盐 【salt】

1012. beurre *n.m.* 黄油 【butter】

1013. lieu *n.m.* 地方 【place】

1014. congé *n.m.* 假期 【holiday】

1015. lequel (laquelle, lesquels, lesquelles) *pron. rel.* （关系代词）
【无对应英文】

1016. cogner *v.i.* 敲 【knock】

1017. agacer *v.t.* 使恼火，使生气 【annoy】

1018. embêter (s') *v.pr.* 厌烦 【bother】

1019. plaisanter *v.i.* 开玩笑 【joke】

1020. emprunter *v.t.* 借入 【borrow】

1021. escalier *n.m.* 楼梯，扶梯 【stairway】

1022. ascenseur *n.m.* 电梯 【elevator】

1023. panne *n.f.* 故障 【breakdown】

1024. comble *n.m.* 顶点 【height】

1025. ensemble *adv.* 共同，一起 【together】

1026. fidèle *adj.* 忠实的 【faithful】

1027. pudeur *n.f.* 羞耻（心）【decency】

1028. brouillard *n.m.* 雾 【fog】

1029. arrière *n.m.* 后方 【back】

1030. soif *n.f.* 渴 【thirst】

1031. aisé, e *adj.* 富裕的，宽裕的 【easy】

1032. branler *v.t.* 晃动 【wobble】

1033. briser (se) *v.pr.* 碎裂，破裂 【break】

第14课 未完成过去时

1034. plier *v.t.* 折叠，使弯曲【fold】

1035. effaroucher *v.t.* 使慌张，使惊吓【frignten】

1036. hocher *v.t.* 点头；摇头【nod; shake】

1037. mêler *v.t.* 使混合，掺和【mix】

1038. bouger *v.i.* 移动，走动【move】

1039. dos *n.m.* 背部【back】

1040. fossé *n.m.* 坑，沟；裂痕【pit】

1041. rédiger *v.t.* 编写，编撰，草拟【write, draw up】

1042. cloche *n.f.* 钟【bell】

1043. bossu, e *adj.* 驼背的【hunchback】

1044. boiteux, se *adj.* 跛脚的【lame】

1045. péché *n.m.* 原罪【sin】

1046. aussitôt *adv.* 马上，立即；刚一……就……【right now; as soon as】

1047. noyer *v.i.* et *v.t.* 淹，淹没【drown】

1048. traduire *v.t.*（变位同cuire）翻译【translate】

1049. trahir *v.t.* 背叛；流露【betray】

1050. corriger *v.t.* 改正，纠正【correct】

1051. ramasser *v.t.* 捡起【pick up】

1052. seau *n.m.* 桶【bucket】

1053. escargot *n.m.* 蜗牛【snail】

1054. hâter (se) *v.t.* et *v.pr.* 赶紧，赶快【speed up; hurry up】

1055. emparer (s') *v.pr.* 夺取，占有【take over】

1056. répandre (se) *v.t.* et *v.pr.*（变位同attendre）播撒；散开，蔓延

开【spill】

1057. presque *adv.* 几乎，差不多【nearly】

1058. repasser *v.t.* 熨烫；复习【iron; revise】

1059. douleur *n.f.* 疼痛【pain】

1060. goût *n.m.* 味道；品味；爱好【taste】

1061. abattu *adj.* 气馁的，沮丧的【despondent】

1062. délai *n.m.* 期限【time limit】

1063. chasser *v.t.* 打猎【hunt】

1064. déchirer *v.t.* 撕破【tear】

1065. éclair *n.m.* 闪电【lightning】

1066. chaleur *n.f.* 热【heat】

1067. orage *n.m.* 暴风雨【storm】

1068. maillot *n.m.* 运动衫【sport shirt】

1069. joue *n.f.* 面颊【cheek】

1070. goutte *n.f.* （水）滴【drop】

1071. deuil *n.m.* 哀悼【mourning】

1072. baiser *n.m.* 吻【kiss】

1073. boule *n.f.* 球【ball】

1074. craie *n.f.* 粉笔【chalk】

1075. front *n.m.* 前额【forehead】

1076. lier *v.t.* 连接；捆绑，束缚【link, bind】

1077. corde *n.f.* 绳子【rope】

1078. rappeler *v.t.* 使想起，提醒【remind】

1079. autrefois *adv.* 过去，以前【once upon a time】

第 14 课　未完成过去时

1080. cueillir *v.t.* 采摘；搜集【pick, gather】
1081. champignon *n.m.* 蘑菇【mushroom】
1082. jeudi *n.m.* [ʒødi] 星期四【Thursday】
1083. gris, e *adj.* 灰色的【gray】
1084. poisson *n.m.* 鱼，鱼肉【fish】
1085. nager *v.i.* 游泳【swim】
1086. gilet *n.m.* 背心【waistcoat】

动词变位

cueillir的现在时和过去分词

Je cueille	Nous cueillons
Tu cueilles	Vous cueillez
Il cueille	Ils cueillent
Participe passé: cueilli	

* 你已记住了1086+212=1298个法语单词，还剩下155个，进度条为89%。

第15课　虚拟式（I）

虚拟式现在时的构成是：直陈式现在时第三人称复数去掉词尾-ent，加上词尾-e, -es, -e, -ions, -iez, -ent。如：

Penser (ils pensent): que je pense, que tu penses, qu'il pense, que nous pensions, que vous pensiez, qu'ils pensent

Finir (ils finissent): que je finisse, que tu finisses, qu'il finisse, que nous finissions, que vous finissiez, qu'ils finissent

Partir (ils partent): que je parte, que tu partes, qu'il parte, que nous partions, que vous partiez, qu'ils partent

注意少数不规则变化：

Avoir: que j'aie, que tu aies, qu'il ait, que nous ayons, que vous ayez, qu'ils aient

Etre: que je sois, que tu sois, qu'il soit, que nous soyons, que vous soyez, qu'ils soient

Aller: que j'aille, que tu ailles, qu'il aille, que nous allions, que vous alliez, qu'ils aillent

Vouloir: que je veuille, que tu veuilles, qu'il veuille, que nous voulions, que vous vouliez, qu'ils veuillent

Venir: que je vienne, que tu viennes, qu'il vienne, que nous venions, que vous veniez, qu'ils viennent

Prendre: que je prenne, que tu prennes, qu'il prenne, que nous prenions, que vous preniez, qu'ils prennent

Devoir: que je doive, que tu doives, qu'il doive, que nous devions, que vous deviez, qu'ils doivent

Boire: que je boive, que tu boives, qu'il boive, que nous buvions, que vous buviez, qu'ils boivent

Valoir: que je vaille, que tu vailles, qu'il vaille, que nous valions, que vous valiez, qu'ils valent

Falloir: qu'il faille

Pleuvoir: qu'il pleuve

Faire: que je fasse, que tu fasses...

Pouvoir: que je puisse, que tu puisses...

Savoir: que je sache, que tu saches...

虚拟式最常见的用法是：如主句表示主观意志、主观情感或主观判断，从句要用虚拟式。如：

1. Vouloir

Tu veux qu'on achète un volant pour jouer au badminton?

咱们买一个羽毛球来玩，好吗？

2. Souhaiter

Cette vieille dame aurait souhaité que son fils réussisse.

这个老太太希望她的儿子成功。

3. Désirer

On désire que la récolte de cette année soit bonne.

我们希望今年有好收成。

4. Aimer mieux

Mon ex-petite copine, j'aime mieux qu'elle soit en sécurité chez vous, au lieu de traîner les rues Dieu sait où.

我前女友，我宁愿她安全地待在你家，也不愿意她在街上四处流浪。

5. Préférer

   Il dit: Je ne suis pas du genre à dire «je t'aime» tous les jours, et mais je t'aime de tout mon cœur.

   Elle dit: Je préférerais que tu me dises «je t'aime» tous les jours, mais tu ne m'aimes guère.

   他说："我不是一个会整天说'我爱你'的男人，但实际上我全心爱着你。"

   她说："我宁愿你整天说'我爱你'，但实际上不怎么爱我。"

6. Permettre

   Vous permettez que je procède à l'analyse chimique de l'échantillon?

   您允许我对样品进行化学分析吗？

7. Exiger

   Les grévistes exigent que la voiture du maire s'arrête sur le pont.

   罢工者迫使市长的汽车在桥上停下来。

8. Empêcher

   Des mesures sont prises pour empêcher que le taux de chômage augmente.

   人们采取了一些措施避免失业率上升。

9. Refuser

   Ce malade coquet refuse que ses amis passent le voir à l'hôpital.

   这个爱美的病人拒绝他的朋友来医院看望他。

第 15 课　虚拟式（I）

10. Craindre

    Elle craint que le comportement étrange de son petit ami ne choque ses parents.

    她怕男友的奇异举止会让爸妈大跌眼镜。

11. Avoir peur

    Le roi a peur que sa fille tombe amoureuse de cet esclave envers et contre tout.

    国王害怕女儿不顾一切地爱上这个奴隶。

12. Etre ravi

    Le roi est ravi que cet esclave soit mort dans l'incendie.

    这个奴隶在火灾中丧生，国王很高兴。

13. Etre heureux

    Elle est heureuse que son mari soit exemplaire. Il balaie la chambre, prépare le déjeuner, lave des mouchoirs tous les jours, et elle n'a qu'à rester les bras croisés.

    有一个模范丈夫让她过得很幸福。他每天扫地、做午饭、洗手帕，而她只要袖手旁观即可。

14. Etre satisfait

    L'ingénieur est satisfait que la nouvelle méthode soit efficace.

    新方法很高效，工程师十分满意。

15. Etre fier

    La prostituée est fière que van Gogh se soit coupé l'oreille et lui ait offert ce morceau de chair.

    妓女感到很骄傲，因为凡·高割下自己的耳朵，把这团肉送给了她。

16. Il faut

　　Il faut que l'espion soit fusillé d'ici trois jours.

　　这个间谍必须在三天内枪决。

17. Il vaut mieux

　　Il vaut mieux que l'écran de projection soit réparé avant le Noël.

　　投影屏最好在圣诞节之前修好。

18. Il est (im)possible

　　Est-il (im)possible que je sois élu président de la France?

　　我当选法国总统，有/不可能吗？

19. Il est important

　　Il est important que les mots soient correctement épelés pendant l'épreuve.

　　考试时单词拼写正确是很重要的。

20. Il est naturel

　　Il est naturel que cet avare ne te prête pas d'argent.

　　这个吝啬鬼不借你钱是很自然的事。

21. Il semble

　　Il semble que le mot français «certes» et le mot anglais «certainly» proviennent de la même racine.

　　法文词"certes"和英文词"certainly"好像出自同一词源。

22. Il est obligatoire

　　Son tarif augmente. Il est obligatoire que tu lui paies davantage pour qu'il reste.

　　他身价涨了。想让他留下，你得付他更多的钱。

23. Il se peut

　　Comment se peut-il qu'un crapaud ait réussi à manger un cygne?

　　癞蛤蟆怎么可能吃到天鹅肉？

24. Il suffit

　　Il suffit que le crapaud arrive à renverser le roi pour pouvoir prendre sa place.

　　癞蛤蟆只要能够推翻国王，自己取而代之就行了。

注意：espérer后面的从句用直陈式。

Elle espère qu'il y a du réseau chez ses grands-parents.

她希望爷爷奶奶家有网络。

翻译句子

1. Le vrai parisien n'aime pas Paris, mais il ne peut vivre ailleurs.

— Alphonse Karr

2. «Camarade, vous portez une jupe pendant l'examen. Vous n'avez pas écrit les réponses sur vos jambes au moins?»

3. L'élève essuie la sueur qui coule de son front et dit: «Monsieur, comment l'avez-vous su?»

4. «C'est évident. Cette jupe n'est pas à votre taille, dit le surveillant en fronçant les sourcils, et d'ailleurs, vous êtes le seul garçon de l'école à porter une jupe.»

5. Glacée jusqu'aux os, il lui semblait que son âme allait quitter[21] son corps.

6. D'un coup, elle aperçut sa manche droite qui flottait et poussa un cri: «Ah, où est ton bras droit?» Il remua la tête, lui adressant un sourire amer.

7. Ça fait 3 jours que le berger n'a pas mangé. Il a de la fièvre. Au malade, le

miel est amer.

8. Le pêcheur m'a dit que sa femme le boudait depuis 5 jours et qu'elle ne le pardonnerait[22] sans doute pas.

9. Comme punition, elle a demandé à son mari de passer la nuit sur le canapé, car ce dernier avait cassé[23] sa poêle antiadhésive.

10. S'il se réveillait, je mettrais[24] ce tas de chaussettes en laine dans sa bouche pour le faire taire.

11. Mon patron, qui en avait assez des repas copieux, est parti, dans un imprévisible élan de naïveté, à la campagne pour retrouver une vie simple et authentique. Trois mois plus tard, quand il est revenu, il avait mangé tous les poulets du village.

12. Les femmes sont étonnantes: ou elles ne pensent à rien, ou elles pensent à autre chose.

— Alexandre Dumas Fils

13. Etonné comme une mouche qui rencontre une vitre.

— Victor Hugo

14. Un bol de riz avec de l'eau et son coude pour oreiller, voilà la satisfaction.

— Confucius

15. Trop de bonbons nuisent à la dentition. Mon petit Nicolas, regarde, mémé en a trop mangé et elle a les dents qui bougent.

16. Pendant l'oral, le corridor est encombré de candidats qui ont le trac.

17. En France, c'est un fabriquant de briquets qui eut l'idée, le premier, d'inaugurer la fête des pères, en en faisant l'occasion d'offrir un briquet à papa.

18. La raison peut nous avertir de ce qu'il faut éviter, le cœur seul nous dit ce

第 15 课　虚拟式（Ⅰ）

qu'il faut faire.

— Joseph Joubert

19. Quelle horreur ! Hier, en pleine nuit, j'ai vu un cadavre sortir de son cercueil pour en reclouer le couvercle.

20. Chaque fois que je fume un de ces trucs-là, c'est un clou de plus pour mon cercueil.

— Humphrey Bogart

词汇表

1087. volant *n.m.* 方向盘；羽毛球【wheel; badminton】
1088. récolte *n.f.* 收获，收成，收集【harvest】
1089. guère *adv.* 不怎么（与ne连用）【hardly】
1090. échantillon *n.m.* 样品【sample】
1091. grève *n.f.* 罢工【strike】
1092. exiger *v.t.* （强制）要求【require】
1093. pont *n.m.* 桥【bridge】
1094. taux *n.m.* 定价；比率；利率【rate】
1095. chômage *n.m.* 失业【unemployment】
1096. comportement *n.m.* 行为，举止【behavior】
1097. étrange *adj.* 奇怪的【strange】
1098. choquer *v.t.* 碰撞；冒犯；使不舒服【shock】
1099. envers *prép.* 朝向【toward】
1100. ravi, e *adj.* 狂喜的，愉快的，心花怒放的【delighted】

1101. incendie *n.m.* 火灾【fire】

1102. balai *n.m.* 扫帚【broom】

1103. mouchoir *n.m.* 手帕【handkerchief】

1104. croiser *v.t.* 使交叉，相交【cross】

1105. efficace *adj.* 有效的【effective】

1106. morceau *n.m.* 一块，一段【piece】

1107. chair *n.f.* 肉【flesh】

1108. espion *n.m.* 间谍【spy】

1109. écran *n.m.* 屏幕【screen】

1110. Noël *n.m.* 圣诞节【Christmas】

1111. élire *v.t.*（变位同lire）选举【elect】

1112. épeler *v.t.* 拼读【spell】

1113. avare *n.* 吝啬鬼【miser】

1114. provenir *v.i.*（变位同venir）来自【arise from】

1115. davantage *adv.* 更多地【more】

1116. renverser *v.t.* 推翻【overthrow】

1117. réseau *n.m.* 网，网络【network】

1118. ailleurs *adv.* 别处【elsewhere】

1119. jupe *n.f.* 裙子【skirt】

1120. essuyer *v.t.* 擦干【wipe】

1121. sueur *n.f.* 汗，汗水【sweat】

1122. surveiller *v.t.* 监视【monitor】

1123. corps *n.m.* 身体【body】

1124. manche *n.f.* 袖子【sleeve】；*n.m.* 手柄【handle】

第 15 课 虚拟式（I）

1125. flotter *v.i.* 漂浮 【float】

1126. remuer *v.t.* 搅拌 【stir】

1127. amer *adj.* [amɛr] 苦涩的 【bitter】

1128. berger, ère *n.* 牧羊人 【shepherd】

1129. fièvre *n.f.* 发烧 【fever】

1130. miel *n.m.* 蜂蜜 【honey】

1131. pêcher *v.t.* 捕鱼，钓鱼 【fish】

1132. bouder *v.t.* 与……赌气，对……生气 【sulk】

1133. canapé *n.m.* 沙发 【couch】

1134. poêle *n.m.* [pwal] 炉灶 【stove】；*n.f.* 平底锅 【frypan】

1135. laine *n.f.* 羊毛 【wool】

1136. taire (se) *v.pr.* （变位同plaire）沉默；闭嘴 【keep quiet; shut up】

1137. élan *n.m.* 冲力；猛进 【momentum】

1138. étonner *v.t.* 使惊讶 【amaze】

1139. vitre *n.f.* （大块）玻璃 【pane (of glass)】

1140. coude *n.m.* 肘 【elbow】

1141. oreiller *n.m.* 枕头 【pillow】

1142. bonbon *n.m.* 糖果 【candy】

1143. nuire *v.i.* （变位同cuire）损害；妨碍 【harm】

1144. trac *n.m.* 害怕，怯阵，怯场 【stage fright】

1145. briquet *n.m.* 打火机 【lighter】

1146. avertir *v.t.* 通知；警告 【inform; warn】

1147. cercueil *n.m.* 棺材 【coffin】

1148. couvercle *n.m.* 盖子 【lid】

1149. truc *n.m.* 东西 【thing】

1150. farine *n.f.* 面粉 【flour】

1151. poire *n.f.* 梨 【pear】

1152. médecin *n.m.* 医生 【doctor】

动词变位

nuire的现在时和过去分词

Je nuis	Nous nuisons
Tu nuis	Vous nuisez
Il nuit	Ils nuisent
Participe passé: nui	

* 你已记住了1152+237=1389个法语单词，还剩下64个，进度条为96%。

第16课　虚拟式（Ⅱ）

虚拟式的用法比较琐碎，除了表示主观性，还可以用于：

1. 某些介词或介词短语引导的从句中，主要包括：

1) Jusqu'à ce que 直到

　　Il patine jusqu'à ce que sa mère vienne le chercher.

　　他滑冰一直滑到妈妈来找他。

2) Avant que 在……之前

　　Quelle chance ! Il a déménagé avant que la maison ne s'effondre dans la tempête.

　　真幸运！那个房子在暴风雨中坍塌以前他已经搬家了。

3) Pour (afin, de façon, de manière, de sorte) que 为了

　　Elle se lève et prépare le petit-déjeuner très tôt, pour que son mari ne rate pas la navette.

　　她早早起床准备早饭，好让丈夫不至于误了班车。

4) De crainte (peur) que （因为）害怕

　　Le livreur refuse le pourboire, de crainte que son patron ne le lui reproche.

　　送货员拒绝小费，因为怕挨老板骂。

5) Quoique (bien que) 尽管

　　Quoique l'itinéraire fût simple, il s'égara.

　　尽管路线很简单，他还是迷路了。

6) Qui (quoi, où, quel) que 无论是谁（什么，哪里，哪一个）

   Qui que tu sois, il ne faut pas chasser les <u>ours</u> dans cette région.

   无论你是谁，都不能在这个区域猎熊。

   Quoi que tu dises, j'aime ma <u>patrie</u>.

   无论你说什么，我都爱自己的祖国。

   Où qu'il aille, son <u>chauffeur</u> le suit.

   无论他去哪儿，司机都跟着他。

   C'est un piège. Je vous <u>parie</u> que quelle carte qu'il choisisse, il perdra la partie.

   这是一场骗局。我跟你打赌，无论他选哪张牌都会输。

7) Que ce soit…ou… 无论（这种情况或那种情况）

   Tous les chemins sont bons pour qui veut te raccompagner, quelle que soit la direction.

   Tous les <u>plats</u> sont bons pour qui veut dîner en ta compagnie, que ce soit <u>aigre</u>, sucré, amer ou <u>épicé</u>.

   Qui a envie de te voir viendra à toi, malgré tous les obstacles qui vous séparent.

   想送你回家的人，东南西北都顺路；

   愿陪你吃饭的人，酸甜苦辣都爱吃；

   想见你的人，千山万水都能赶过来。

8) Pourvue que 只要

   Ma chérie, nous avons été photographiés par les Paparazzis, à travers la fenêtre de l'hôtel. Mais ne t'<u>inquiète</u> pas trop. On peut <u>étouffer</u> ce scandale, pourvue que tu m'épouses. C'est la seule <u>issue</u>. Sinon, ça va chauffer.

亲爱的，我们在酒店里被狗仔队透过窗子拍到了。不过别担心。只要你嫁给我，就能平息丑闻。这是唯一的办法。否则事情就闹大了。

9) A condition que 以……为条件

Ce journaliste est un ami fidèle. Je lui ai promis cent mille euros, à condition qu'il m'aide à réaliser mon projet. Je lui ai réservé une chambre dont la fenêtre se trouvait juste en face de la mienne. Et il n'avait qu'à patienter un peu et à immortaliser les meilleurs moments.

记者是我忠实的哥们儿。我答应给他十万欧元，条件是他帮我完成计划。我给他订了个房间，他的窗户正对着我的窗户。他只要等待时机，截取最好的瞬间就行了。

10) A moins que 除非

Toute émue, la star dit à son amant: «Je ne te quitterai jamais, à moins que la colline ne perde son sommet, que le fleuve ne s'assèche, qu'il ne tonne en hiver, qu'il ne neige en été, et que le ciel et la terre ne se réunissent en chaos.»

女明星感动地对她的情人说："山无陵，江水为竭，冬雷震震，夏雨雪，天地合，乃敢与君绝！"

2. 先行词是一个身边没有、有待寻找的人或物，如：

Je cherche un secrétaire qui comprenne l'allemand.

我在找一位懂德语的秘书。

3. 先行词是泛指代词，主要包括：

1) Personne

Tes idées sont toutes fantastique, mais coûteuses. Je ne vois personne qui soit capable de gérer ton budget.

你的创新都让人脑洞大开，但同时也要花很多钱。我看不到有谁能很好地管理你的预算。

2) Quelqu'un

Tu connais quelqu'un qui sache communiquer avec les fantômes?

你认识能跟鬼对话的通灵人吗？

3) Quelque chose

Y a-t-il quelque chose qui puisse intéresser la reine en dépression?

有什么东西能让这个患抑郁症的王后感兴趣吗？

4. 先行词有最高级形容词修饰，如：

C'est le film le plus mou que je connaisse et les comédiens sont très mauvais.

这是我看过的最平淡的电影，演员的演技又烂。

5. 先行词有表示绝对意义的形容词修饰，比如：

1) Le dernier

En ces temps prospères, les baisses de croissance sont la dernière chose que nous ayons à craindre.

这样一个欣欣向荣的时代，增长额的下降是我们最不担心的事。

2) Le seul

Il est le seul orientaliste qui comprenne parfaitement le tokharien en Chine.

他是中国唯一一位精通吐火罗语的东方学家。

6. 用于独立句，表示命令、愿望等，如：

Que la lumière soit!

第 16 课 虚拟式（II）

要有光。

7. Vive (nt)+名词，表示"……万岁"，如：

Vive l'amitié franco-chinoise!

中法友谊万岁！

翻译句子

1. Alors comme je traversais la place en courant, le forgeron (*black-smith*) Watcher, qui était là avec son apprenti en train de lire l'affiche, me cria: «Ne te dépêche pas tant, petit.»

— Alphonse Daudet

2. La plupart d'entre eux étaient tirés à quatre épingles, et la fatigue se lisait sur leur visage.

3. La devise nationale de la France est: liberté, égalité, fraternité.

4. J'espère vraiment que je suis vilaine, comme vous.

5. En passant dans un bois, le petit chaperon rouge rencontre le Loup, qui eut bien envie de la manger.

6. — Pourquoi Louis XVI, roi fugitif, se risquant à passer la tête par la fenêtre, s'est-il fait repérer sur-le-champ par la foule? — Parce qu'il y avait son portrait un peu partout en France, et que les peintures occidentales sont réalistes, comparées aux peintures chinoises qui sont extrêmement abstraites. N'oubliez pas que Qian Long, son contemporain, descendit à Jiang Nan à six reprises et que personne ne put le reconnaître.

7. Il faut, pour soutenir une conversation en société, savoir une foule de choses inutiles.

— Jules Renard

8. Un homme en tablier blanc sort de temps en temps de l'intérieur et nous sert quelques assiettes de sushis.

9. Un grand artiste écrit presque fatalement une œuvre gaie quand il est triste, une œuvre triste quand il est gai.

— Romain Rolland

10. Dieu entend mieux un sanglot qu'un appel.

— Augustin d'Hippone

11. On a fait de moi un personnage à qui je refuserais de serrer la main.

— Jean Cocteau

12. Cette fois, néanmoins, son accueil, quoique poli, fut plus froid que d'habitude.

— Dumas le père

13. La plus grande preuve d'amour qu'on puisse donner à une girafe, c'est de lui faire un foulard, et, à un mille-pattes, des gants.

14. Son enfance lui faisait l'effet d'un temps où il n'y avait autour d'elle que des mille-pieds, des araignées et des serpents.

15. Trop inquiets, beaucoup de lycéens passent une nuit blanche avant le concours d'entrée à l'Université.

16. Il est plus facile de nier les choses que de se renseigner à leur sujet.

— Mariano José de Larra

17. Il faut tailler son manteau selon son drap.

18. La vie est une rose dont chaque pétale est une illusion et chaque épine une réalité.

— Alfred de Musset

19. Que celui de vous qui est sans péché lui jette la première pierre.

20. Depuis qu'il a pris sa retraite, mon père mène une vie heureuse. Le samedi, il part toujours avec ses pinceaux et ses toiles pour peindre sur le vif.

21. Les grondements des feux d'artifice résonnent dans l'air et le ciel devient tout rouge. Ils se bousculent dans la foule et la tête relevée, regardent les feux d'artifice monter en flèche.

22. Rien de stable dans ce monde: aujourd'hui au sommet, demain au bas de la roue.

— Denis Diderot

23. La mort d'un académicien est un événement grave à coup sûr, ce n'est pas un événement triste.

— Alfred Capus

24. La vie est telle une pièce de théâtre, mais sans répétitions. Alors chantez, pleurez, dansez, riez et vivez avant que le rideau ne se ferme et que la pièce ne se termine sans applaudissements.

— Charlie Chaplin

25. Une fois la partie terminée, le roi et le pion sont tous deux rangés dans le même coffre.

翻译文章

Le petit prince

...Au matin du départ il mit sa planète bien en ordre. Il ramona (*sweep*) soigneusement ses volcans en activité...Il croyait ne jamais devoir revenir. Mais tous ces travaux familiers lui parurent, ce matin-là, extrêmement doux. Et, quand il arrosa une dernière fois la fleur, et se prépara à la mettre à l'abri sous son globe, il se découvrit l'envie de pleurer...La fleur toussa. Mais ce n'était pas à cause de son rhume...lui dit-elle enfin: «Je te demande pardon. Tâche d'être heureux...mais oui, je t'aime...tu n'en as rien su, par ma faute. Cela n'a aucune importance. Mais...tâche d'être heureux...Je ne suis pas si enrhumée que ça...L'air frais de la nuit me fera du bien. Je suis une fleur...Il faut bien que je supporte deux ou trois chenilles si je veux connaître les papillons...Sinon qui me rendra visite? Tu seras loin, toi. Quant aux grosses bêtes, je ne crains rien. J'ai mes griffes...Ne traîne pas comme ça, c'est agaçant. Tu as décidé de partir. Va-t'en.» Car elle ne voulait pas qu'il la vît pleurer. C'était une fleur tellement orgueilleuse…

词汇表

1153. patiner *v.i.* 滑冰【skate】

1154. effondrer (se) *v.pr.* 倒塌，崩塌【collapse】

1155. navette *n.f.* 往返班车【shuttle bus】

1156. pourboire *n.m.* 小费【tip】

1157. quoique *conj.* 尽管，虽然【though】

1158. égarer *v.t.* 使走错路【mislead】

1159. ours *n.m.* [urs] 熊【bear】

1160. patrie *n.f.* 祖国【homeland】

1161. chauffeur *n.m.* 汽车司机【driver】

1162. parier *v.t.* 打赌；担保【bet】

1163. plat *n.m.*（一道）菜【dish】；*adj.* 平的【flat】

第16课 虚拟式（II）

1164. aigre *adj.* 酸的【sour】

1165. épicé, e *adj.* 辛辣的【spicy】

1166. inquiéter *v.t.* 使担心【worry】

1167. étouffer *v.t.* 使窒息；压低【suffocate; damp】

1168. issue *n.f.* 出口，出路；结局【outcome】

1169. colline *n.f.* 山【hill】

1170. fleuve *n.m.* 江【river】

1171. gérer *v.t.* 管理【manage】

1172. mou (mol), molle *adj.* 软的【soft】

1173. lumière *n.f.* 光线【light】

1174. affiche *n.f.* 布告；招贴画【billboard; poster】

1175. épingle *n.f.* 大头针，别针【pin】

1176. devise *n.f.* 座右铭；外币【motto; foreign currency】

1177. vilain, e *adj.* 丑的【ugly】

1178. bois *n.m.* 木头；树林【wood】

1179. repérer *v.t.* 定位，定向【locate】

1180. foule *n.f.* 人群【crowd】

1181. partout *adv.* 到处【everywhere】

1182. soutenir *v.t.*（变位同venir）支持，支撑【support】

1183. tablier *n.m.* 围裙【apron】

1184. assiette *n.f.* 盆，碟，盘【plate】

1185. œuvre *n.f.* 作品【work】

1186. gai, e *adj.* 快乐的，高兴的【cheerful】

1187. sangloter *v.i.* 呜咽【sob】

1188. serrer *v.t.* 使夹紧，握紧【tighten】

1189. néanmoins *adv.* 然而，可是【however】

1190. accueil *n.m.* [akœj] 迎接，招待【reception, welcome】

1191. foulard *n.m.* 围巾【scarf】

1192. gant *n.m.* 手套【glove】

1193. araignée *n.f.* 蜘蛛【spider】

1194. concours *n.m.* 竞赛；会考【contest】

1195. renseigner (se) *v.pr.* 打听【ask for information】

1196. drap *n.m.* 布料；被单【cloth; sheet】

1197. épine *n.f.* （植物的）刺【thorn】

1198. pierre *n.f.* 石头【stone】

1199. samedi *n.m.* 星期六【Saturday】

1200. pinceau *n.m.* 画笔，刷子【brush】

1201. toile *n.f.* 布；画布；帘布【canvas, curtain】

1202. gronder *v.i. et v.t.* 嗥叫；发出隆隆声；呵斥【scold, grumble】

1203. bousculer (se) *v.pr.* 推，挤【jostle】

1204. flèche *n.f.* 箭【arrow】

1205. roue *n.f.* 车轮【wheel】

1206. événement *n.m.* 事件【event】

1207. rideau *n.m.* 窗帘【curtain】

1208. pion *n.m.* 棋子；小卒；学监【pawn; supervisor】

1209. coffre *n.m.* 匣子【bin, chest】

1210. abri *n.m.* 隐藏处【shelter】

1211. tousser *v.i.* 咳嗽【cough】

第 16 课　虚拟式（II）

1212. rhume *n.m.* 感冒 【cold】

1213. tâche *n.f.* 任务 【task】

1214. papillon *n.m.* 蝴蝶 【butterfly】

1215. griffe *n.f.* 爪子 【claw】

1216. orgueil *n.m.* [ɔrgœj] 骄傲，傲慢 【pride】

*你已完成了1216+237=1453个法语单词的记忆，恭喜！

尾注语法

1. 主有形容词

主有形容词是和主语代词相对应的形容词。见表9。

表9　主有形容词

主有形容词	阳性单数	阴性单数	复数
我的	mon	ma	mes
你的	ton	ta	tes
他 / 她 / 它的	son	sa	ses
我们的	notre	notre	nos
你们的 / 您的	votre	votre	vos
他 / 她 / 它们的	leur	leur	leurs

主有形容词要和它所限定的名词保持性数一致，如：

Ne touche pas à **mon** fromage (*n.m.*).

不要动我的奶酪。

Ne touche pas à **ma** bière (*n.f.*).

不要动我的啤酒。

Ne touche pas à **mes** souliers (*n.m.pl.*).

不要动我的鞋子。

同理：

Ne touche pas à **ton (son, notre, votre, leur)** fromage (*n.m.*).

不要动你（他/她/它、我们、你们、他/她/它们）的奶酪。

Ne touche pas à **ta (sa, notre, votre, leur)** bière (*n.f.*).

不要动你（他/她/它、我们、你们、他/她/它们）的啤酒。

Ne touche pas à **tes (ses, nos, vos, leurs)** souliers (*n.m.pl.*).

不要动你（他/她/它、我们、你们、他/她/它们）的鞋子。

注意：以元音字母或哑音h开头的阴性名词，不用ma，ta，sa，而用mon，ton，son，如：

Ne touche pas à mon amie.

不要动我的女朋友。

Ne touche pas à ton armoire (*n.f.*).

不要动你的衣橱。

Ne touche pas à son horloge (*n.f.*).

不要动他/她的大钟。

2. on的用法

泛指人称代词on只能作主语，动词用第三人称单数，通常有三种意思：

1) 大家，人们，如：

On ne travaille pas le dimanche.

星期日不工作。

2) 有人，如：

On sonne à la porte, tu entends?

有人按门铃，你听见了吗？

3) 我们，如：

Sylvie et moi, on n'a point de secret (on y va à pied).

希尔薇和我，我俩没有什么秘密（我俩步行过去）。

3. 最近将来时

最近将来时表示即将发生的动作，它的构成是aller+*infinitif*，如：

Quel <u>ouvrage</u> va <u>remporter</u> le Prix Nobel cette année?

今年哪部作品会获得诺贝尔奖呢？

Elle va avoir un million d'<u>abonnés</u> sur son compte.

关注她公众号的人快要超过一百万了。

4. 部分冠词

法语中，定冠词表示确指，不定冠词和部分冠词表示泛指。后两者的区别在于，不定冠词后面加可数名词，部分冠词后面加不可数名词。部分冠词包括du（阳性单数），de la（阴性单数）和des（复数）。如：

Je vois un <u>trou</u>. Le trou est sur le <u>mur</u>.

我看到了一个洞。这个洞在墙上。

Je vois du <u>sang</u>. Le sang est sur le mur.

我看到了血。血在墙上。

在这两个句子里，un trou（一个洞）是泛指可数，du sang（血）是泛指不可数，le trou 和le sang都是确指。部分冠词经常用在食物前面，试比较：

J'ai mangé une <u>oie</u> ce matin.

我早上吃了一只鹅。

J'ai mangé de l'oie ce matin.

我早上吃了鹅肉。

J'ai mangé un <u>chou</u> ce matin.

我早上吃了一棵白菜。

J'ai mangé du chou ce matin.

我早上吃了白菜。

除此之外，部分冠词还有一些较为琐碎的用法，如：

1) 某些抽象名词前，如：

    Du courage！（加油！）

    Tu as de la chance.（你运气真好。）

2) Faire + 运动名词，如：faire du sport，faire du vélo，faire du bateau，faire de la randonnée，faire de la natation（游泳）。

5. 命令式

命令式表示请求、命令、建议，只有第一人称复数（让我们做某事吧，相当于英文的Let's do sth.）、第二人称单数（你要做某事）和第二人称复数（你们要做某事）。一般来说，将直陈式的主语去掉，就构成了命令式。见表10。

表10　直陈式和命令式

动词	直陈式	命令式	
parler	Tu parles Vous parlez Nous parlons	Parle Parlez Parlons	Ne parle pas Ne parlez pas Ne parlons pas
agir	Tu agis Vous agissez Nous agissons	Agis Agissez Agissons	N'agis pas N'agissez pas N'agissons pas
lire	Tu lis Vous lisez Nous lisons	Lis Lisez Lisons	Ne lis pas Ne lisez pas Ne lisons pas

注意：

1) 有四个动词的命令式是特殊的：

être: sois, soyez, soyons

avoir: aie, ayez, ayons

savoir: sache, sachez, sachons

vouloir: veuille, veuillez, veuillons

例如：

Sois heureux.

你要幸福。

Ayons du courage.

让我们拿出勇气吧。

Pourquoi vous portez un manteau? Sachez qu'il fait chaud aujourd'hui.

您怎么穿了件大衣？要知道，今天很热。

Veuillez m'écouter.

请听我说。

2) 动词第二人称单数若以es结尾，变成命令式要去掉s。

Tu tires ton épée. → Tire ton épée.

Tu ouvres la fenêtre. → Ouvre la fenêtre.

3) aller的第二人称单数命令式也要去掉s。

Tu vas à l'ambassade. → Va à l'ambassade.

4) 动词前有直接宾语代词时（这个规则也适用于所有需要提到动词前的代词，包括间接宾语代词和副代词）

a) 在否定句中，去掉主语即可，如：

Ne me regarde pas.

b) 在肯定句中，直接宾语代词放在动词后，动词和代词之间加连字符（-）；如果代词是me，要把me改成moi，如：

Regarde-moi.

6. 形容词和副词的比较级和最高级

在形容词或副词前面加plus，aussi或moins（…que）便构成比较级。如：

Elle achève son travail plus (aussi, moins) vite que moi.

她的工作比我完成得快（完成得和我一样快/完成得没我快）。

Elle est plus (aussi, moins) jolie que Nicole.

她比妮可好看（和妮可一样好看/没妮可好看）。

在形容词或副词前面加定冠词再加plus（或moins）便构成最高级。

Elle achève le travail le plus vite de la classe.

在班里，她的工作完成得最快。

Elle est la plus (moins) jolie de la classe.

她是班里最（不）漂亮的女孩。

注意少数形容词的特殊形式，例如：

bon	meilleur	le meilleur
mauvais	pire plus mauvais	le pire le plus mauvais
petit	moindre plus petit	le moindre le plus petit

例如：

Il épiait nos moindres faits et gestes.

他密切关注我们的一举一动。

注意少数副词的特殊形式，例如：

bien	mieux	aussi bien	moins bien	le mieux
beaucoup	plus	autant	moins	le plus
peu	moins	aussi peu	plus	le moins

7. **d'autres chats:** 如果形容词位于名词前面，而冠词是**des**，则要把**des** 变成**de**。

8. 对否定形式的一般疑问句作肯定回答，用**si**。如：

—— Il n'a pas triché à l'oral?

—— Mais si. Du coup, il a été puni.

9. **关系代词qui, que, où, dont**

关系代词用来引导一个从句，来限定主句中的名词。简单形式的关系代词包括：

1) 先行词在从句中作主语，用qui，如：

Je ne comprends pas le texte qui t'intéresse.

2) 先行词在从句中作直接宾语，用que，如：

Je ne comprends pas le mot que tu dis.

3) 先行词在从句中作时间或地点状语，用où，如：

Je ne sais pas l'endroit où tu es né.

Je ne sais pas la date où tu es né.

4) 先行词在从句中作de的介词宾语，用dont，如：

Je ne comprends pas le problème dont tu parles.

10. **ce qui, ce que, ce dont**

ce qui, ce que, ce dont可以引导从句，ce在形式上充当主句中的一个名词。如果这个名词在从句中作主语，用ce qui；作宾语，用ce que；作de的介词宾语，用ce dont。如：

Je ne comprends pas ce qui t'intéresse.

Je ne comprends pas ce que tu dis.

Je ne comprends pas ce dont tu parles.

11. 最近过去时

最近过去时表示刚刚完成的动作。它的构成是 venir+de+ *infinitif*，如：

Il vient d'éteindre le micro-ondes.

他刚刚关掉微波炉。

Je viens de fixer mon horaire de travail.

我刚刚把我的工作时间表确定下来。

On vient à peine d'enterrer ta femme que tu sors déjà avec l'une de ses meilleures amies. C'est marrant !

妻子尸骨未寒，你就已经和她的闺蜜出双入对了。真搞笑！

12. 简单将来时

简单将来时表示将要发生的行为或状态，它由不定式加上下列词尾构成：-ai, -as, -a, -ons, -ez, -ont。以-re结尾的第三组动词要先去掉词尾的e。例如：

aimer	j'aimerai, tu aimeras, il aimera, nous aimerons, vous aimerez, ils aimeront
finir	je finirai, tu finiras, il finira, nous finirons, vous finirez, ils finiront
lire	Je lirai, tu liras, il lira, nous lirons, vous lirez, ils liront

注意几个特殊的动词：

avoir → j'aurai

aller → j'irai

apercevoir → j'apercevrai

asseoir → j'assiérai

courir → je courrai

devoir → je devrai

être → je serai

envoyer → j'enverrai

faire → je ferai

falloir → il faudra

mourir → je mourrai

pleuvoir → il pleuvra

pouvoir → je pourrai

savoir → je saurai

valoir → je vaudrai

venir → je viendrai

voir → je verrai

vouloir → je voudrai

13. 简单过去时

第一组动词的简单过去时是去掉词尾的-er，加上-ai, -as, -a, -âmes, -âtes, èrent。如：

Aimer: j'aimai, tu aimas, il aima, nous aimâmes, vous aimâtes, ils aimèrent

第二组动词的简单过去时是去掉词尾的-ir，加上-is, -is, -it, -îmes, -îtes, -irent。如：

Finir: je finis, tu finis, il finit, nous finîmes, vous finîtes, ils finirent

第三组动词的简单过去时一般是词根加上下列词尾：-is, -is,

-it, -îmes, -îtes, -irent；或-us, -us, -ut, -ûmes, -ûtes, -urent。如：

Attendre: j'attendis…

Courir: je courus…

大部分不规则动词的简单过去时和原形差异不大，不难识别。少数可能造成混淆的有：

devoir: je dus…

faire: je fis…

être: je fus…

avoir: j'eus...

venir: je vins…

简单过去时表达过去的动作，在行文中一般和表达过去状态的未完成过去时搭配。简单过去时和复合式过去时的区别在于，前者和现在无关，后者和现在有关。试比较：

Louis XIV mourut en 1715.

Mon grand-père est mort en 1982.

简单过去时多用于文学作品。

14. 现在分词

现在分词由直陈式现在时第一人称复数去掉词尾-ons，加上-ant构成，如：

regarder → regardons → regardant

finir → finissons → finissant

prendre → prenons → prenant

三个动词例外：

être → étant

avoir → ayant

savoir → sachant

现在分词主要有两个用法：

1) 作定语，主要用于书面语，如：

Le tigre ayant faim (= qui a faim) a mangé le cerf.

老虎肚子很饿，就吃掉了小鹿。

有些现在分词经常作定语，就演变成了形容词，如intéressant。现在分词没有人称、性、数的配合，但一旦成为形容词，便需性数配合。

2) en+现在分词，便构成副动词。副动词用来修饰句中的动词，可以表示：

a) 同时，如：

Il ne faut pas parler en mangeant.

不该边吃饭边说话。

Christophe dressa l'oreille, en entendant le nom de Victor Hugo.

克利斯朵夫听见维克多·雨果这个名字时便立即竖起耳朵听。

b) 方式，如：

C'est en pratiquant le français de temps en temps que nous en sommes devenus spécialistes.

通过不时地操练法语，我们变成了法语专家。

c) 条件，如：

En prenant l'avion, tu ne seras pas en retard.

如果坐飞机去，你就不会迟到。

15. 指示代词

指示代词用来代替上文提及的名词。形式为：celui（阳性单数），celle（阴性单数），ceux（阳性复数），celles（阴性复数）。如：

Ce fusil est à toi? Non, c'est celui de ma sœur jumelle. Mon arme préférée, c'est la hache.

这把枪是你的吗？不是，是我孪生姐姐的。我最喜欢的武器是斧子。

指示代词如在上文并无提及某物的情况下直接出现，一般后面加定语从句，表示所有符合（从句中所描述的）条件的人。如：

Celui qui ne connaît pas l'histoire est condamné à la revivre.

如不以史为鉴，必将重蹈覆辙。

Celle qui aime rire a souvent de la chance, car celle qui n'a pas de chance n'est pas d'humeur à rire.

爱笑的女孩通常运气都不错，因为运气不好的女孩也笑不出来。

16. 主有代词

主有代词用来代替"主有形容词+名词"，以避免名词重复。见表11。

表11　主有代词

主有形容词	阳性单数	阴性单数	阳性复数	阴性复数
我的	le mien	la mienne	les miens	les miennes
你的	le tien	la tienne	les tiens	les tiennes
他（她、它）的	le sien	la sienne	les siens	les siennes
我们的	le nôtre	la nôtre	les nôtres	les nôtres
你们（您）的	le vôtre	la vôtre	les vôtres	les vôtres
他（她、它）们的	le leur	la leur	les leurs	les leurs

例如：

Sa chambre est deux fois plus grande que la mienne.

他房间的面积是我的两倍。

17. 泛指代词加形容词

常用的泛指代词包括quelqu'un, quelque chose, rien, quoi等。如果有形容词修饰，要求加de+形容词阳性。如：

— Quoi de neuf?

有新消息吗？

— Rien de neuf.

一点儿新消息都没有。

18. 过去分词

过去分词可以和助动词一起构成复合式过去时（变化形式见第12课）；除此之外，和英语一样，在法语中，"être (be) +过去分词"便构成被动语态。如：

La police arrête ce jeune homme.

Ce jeune homme est arrêté par la police.

注意：

1) 在被动语态中，过去分词要和主语保持性数一致。如：

Cette femme est arrêtée par la police.

2) 过去分词可以作定语。如：

Cette femme arrêtée est ma camarade de classe.

这个被逮捕的女子是我同学。

3) 被动语态中的施动者一般由par引导，如：

　　Le ver a été mangé par une colombe.

　　虫子被一只鸽子吃了。

但如果是表示状态的动词，也可以用de引导。如：

La place est bornée de vieilles maisons.

广场四周都是些老房子。

19. 复合关系代词

　　复合关系代词的形式为：lequel, laquelle, lesquels, lesquelles。

　　在关系从句中，如果先行词在从句中作除de以外的其他介词（或介词短语）的宾语，则用复合关系代词来引导。如：

On voit des algues dans l'aquarium.

我们看到鱼缸里有一些海藻。

Les poissons nagent parmi les algues.

鱼群在海藻之中游来游去。

两句合并，可以说成：

On voit dans l'aquarium des algues parmi lesquelles nagent les poissons.

我们看到鱼缸里有一些海藻，鱼群游弋其中。

注意复合关系代词的缩合形式：

de+lequel=duquel

de+lesquels=desquels

à+lequel=auquel

à+lesquels=auxquels

如：

Jean a allumé un feu dans le foyer à côté duquel Sylvie lavait un gilet.

让在炉子里生起了火，希尔薇在炉边洗一件背心。

20. 疑问代词

lequel, laquelle, lesquels, lesquelles也可以作疑问代词，它相当于quel（quelle，quels，quelles）+名词，比如：

Voici deux sacs (pommes), lequel (laquelle) préfères-tu?

这里有两个包（苹果），你喜欢哪一个？

在这里，lequel相当于quel sac，laquelle相当于quelle pomme。

21. 过去最近将来时

过去最近将来时的构成是：助动词aller的未完成过去时+动词原形，表示从过去的角度看马上要发生的动作。

22. 过去将来时

过去将来时的构成是：简单将来时的词头（一般是动词原形，特殊变化见前注）+未完成过去时的词尾（-ais, -ais, -ait, -ions, -iez, -aient），表示从过去的角度看将来要发生的动作。如：

aimer	j'aimerais, tu aimerais, il aimerait, nous aimerions, vous aimeriez, ils aimeraient
finir	je finirais, tu finirais, il finirait, nous finirions, vous finiriez, ils finiraient
lire	Je lirais, tu lirais, il lirait, nous lirions, vous liriez, ils liraient

23. 愈过去时

愈过去时的构成是：助动词（avoir或être）的未完成过去时+过去分词，表示过去的过去。如：

La chambre était confortable, car son mari avait chargé le poêle à charbon.

房间很舒服，因为她丈夫给炉子里添了煤。

24. 条件式

条件式现在时的构成和过去将来时相同，一般和"si+未完成过去时"搭配。条件式现在时和直陈式条件句的区别是，前者可能性较小，后者可能性未知或较大。试比较：

S'il fait beau demain, on fera une sortie.（明天天气好不好，我也不知道。）

S'il faisait beau demain, on ferait une sortie.（明天天气好的可能性不大。）

条件式在独立句中使用，表示委婉、客气的语气，如：

Je voudrais un kilo de farine et six poires, s'il vous plaît.

我想要一公斤面粉和六只梨，麻烦您！

还有一种条件式过去时，主句是"助动词的条件式现在时+过去分词"，从句是"si+愈过去时"，表示对过去的假设以及由此产生的结果都与事实相反。如：

S'il avait fait beau hier, on aurait fait une sortie.

如果昨天天气好的话，我们本来是可以出去玩的。（事实上昨天天气不好，我们没玩成。）

Si j'avais travaillé dur à l'école, je serais devenue médecin.

要是我在学校努力学习的话，我现在就是医生了。（事实上我当年没努力，我现在也不是医生。）